置若网文系列之四

营建集

王受之

中国青年出版社

王 受之 著

中国青年出版社

前言

王受之

把我自己博客上的文章和一些为杂志写的专栏文章，按照建筑、设计、时尚、电影、城市、游历、艺术、娱乐、回忆、随笔这样一些类别，加上插图、自己的漫画，出版小书，是这套书的一个基本的设想。当然，出版书籍，就不能像博客上那样随意，要整理、补充文字，图的精度要高，图量也要多，每篇文章前面都有一张自己画的漫画，提高书的可读性，跟博客还是有所不同的。

　　博客（Web log，缩写 Blog），又译为网络日志、部落格（台湾音译）或部落阁等，是一种通常由个人管理、不定期张贴新的文章或图片的网站。大陆地区基本上都叫做"博客"，台湾叫"网志"的多。博客上的文章通常根据张贴时间，以倒序方式由新到旧排列。有些博客专注在特定的问题上提供评论或新闻，不过大部分博客还是作为比较个人化的日记，内容以文字为主，辅以相关的图片。能够让读者以互动的方式留下意见，是博客的一个重要特点。博客是社会媒体网络的一部分。截至2007年12月，博客搜索引擎Technorati已追踪了1.12亿个博客。也就是说：全球每60个人中就有一个人有自己的博客，这个比例极为惊人，因为博客这个工具的引入也不过是近10多年的事。

　　至于我自己接触到博客这个新的传播形式，历史就更短了。我是最近两三年才接触到的。在新技术上，我总是一个比较晚知晚觉的人。虽然博客刚刚出现的时候，我也有所闻，但是真正去使用，就相当晚了。

　　博客是在1997年12月17日由美国人约翰·巴奇（Jorn Barger）创造的。开始就叫做"Weblog"，后来是美国人彼得·玛霍兹（Peter Merholz）将其缩写为"blog"。据说开始也就是为了开玩笑，将"Weblog"在他的网志Peterme.com 的侧边栏变成词组"we blog"。这个玩笑开得真大，Blog这个词既是名词，又成了动词，很快就传遍世界。

博客是由网上日记演化而成的。人们在网上日记中保持了个人生活的记录。大部分这样的作者称他们自己为日记作者或记者。美国人加斯廷·霍尔（Justin Hall）在1994年开始编写个人博客，当时他只是美国的斯瓦斯莫尔大学（Swarthmore College）的学生，他被认为是最早的博客作者之一。

不过，早期的博客只是手动更新的一般网站。然而，工具的改进有助于以时间倒序的方式张贴的网络文章的制作和维持，使更多的、比较缺乏技术的人可以编写博客。不同阶层的人可以编写自己的博客，就是我们现在看到的那样。例如，某种通过浏览器使用的应用软件的运用，是现在编写网志的一个典型的方式。网志可以被寄存在专门的网志寄存供应商的服务器，也可以使用网志制作软件来维持，例如WordPress、Movable Type、Blogger或LiveJournal，或被寄存在一般的网页寄存服务商的服务器。

从1997年博客发明之后，初期的发展还是很缓慢的，最近几年编写博客的流行程度迅速提升。在全球来看，博客的使用在1999年之后推向普及化，同时出现的博客寄存工具得到进一步推广。

Open Diary（公开日记）在1998年10月被推出，很快就聚集了数千个博客。Open Diary是第一个能让读者在别人的博客留下自己意见的博客寄存供应商。有一个著名的博客作者布拉德·菲兹帕特里克（Brad Fitzpatrick）在1999年3月创立了*LiveJournal*（《生活杂志》）。

我开博很晚，是因为自己对这个新的平台没有信心，有点怕吃力不讨好。新浪网这样的大媒体好几次提出要我开博，我一直迟疑，没有答应。后来，见到博客的确有着很好的交流功能，我的看法才开始改变，在几个朋友的建议和督促下，我终于在2007年同意新浪网的要求，开了博客。从开博的那天起，我就希望这个博客有自己的特点：不仅是拿来给自己讲感受，而且还要给年轻读者提供一些有关设计、文化方面的资讯。因此，资讯性是第一位的。并且，刻意不与博客上的跟帖辩论、斗嘴，希望这个博客能成为一个比较单纯的读书的安静角落。经过一年多的努力，特别是几位朋友的协助，这个博客居然累计也有200万人次的点击率，好多人留言说，在这里看到了自己喜欢看的文章，很开心。我的目的基本达到了，我也很开心。鉴于不少设计师、大学生在留言上说，这个博客竟成为他们生活中的一个部分了，所以虽然现在我正在策划一个比较大的设计网站，但是仍打算将博客继续写下去。

对我来说，写博客其实有两个目的：第一，是希望成为一个大家可以随时交流的网上平台；第二，是希望把自己有关设计、艺术、文化、娱乐、建筑、城市等方面的心得、观感这样的文章先给博客读者看，搜集反应，加以修改，然后用在我出版的书籍上。刚开始的时候，我基本是只在博客上放文章，最近也开始写日志，但是因为工作忙，所以能够写自己感受生活的时间还是相对少了一点点。

但有博客的人都知道，点击率是写博客的动力之一，我当然也会注意点击率的统计。Technorati依通向某博客链接的数量来替博客排名。Alexa Internet则是按Alexa工具栏使用者的点击量来替博客排名。2006年8月，Technorati发现通向徐静蕾博客的链接数量最多。据说她的博客被阅读超过5000万次，并声称是世界上最流行的博客。相比而言，我自己的博客点击率并不算高，因为我只希望和大家分享知识，而不希望成为社会尖锐议题的争斗场，对一些容易引起争议的内容我会回避。我估计，我的博客读者多数是从事设计、艺术工作的人员和学生。对此，我是很满意的，这本来就是我开博的初衷，因此，也不打算为提高点击率而改变自己博客的形式和内容。

　　这套小书是我自己定的名字，叫做《置若网文》丛书，是将成语"置若罔闻"用谐音转化出来的，主要是为了容易记忆。这是给大众看的，因此自己告诫自己，在选择和撰写的时候不能太学究，否则谁看呀？文字要有趣味，有内容，也要切中时弊，这也是我自己的一贯文风。《置若网文》第一批出五本，包括建筑、时尚、设计、城市、电影等内容。对这批小册子的撰写、插图、漫画、选题其实有点儿我自己行事的模式：有点儿不太跟设计、文化的"主流"舆论走，对主旋律"置若罔闻"吧。一来，这些原是置于网上的文字；二来，我可以对主流舆论置若罔闻，读者也可以对我的主意置若罔闻，大家平等嘛。

　　谈到这套小集子的设计，我是希望力求朴素的。我自己很喜欢"五四"之后那些散文集，像钱君匋、鲁迅、曹幸之这些前辈的设计，无论是开本、装帧都觉得很舒服，为什么就不能够设计一些简简单单、朴朴素素的好散文集呢？我对出版社就提出这个要求，文责自负，中国青年出版社非常支持我的看法，因此才有了这套书的出版。

　　出小书其实比出大书难，因为对象不同，涉猎面不同，要照顾的读者更加多元化，我好几年前在中国青年出版社出版过基本类似的小书，叫做《建筑的故事》《产品的故事》和《汽车的故事》，感觉还是题目太拘束了一点点，文字就放不开，希望这套小书能够更加轻松一点，给大家带来一些资讯，也带来一些开心。

目录

普利兹克奖评委感怀 ~

在建筑业内,有好几个大奖,比如美国建筑师协会(AIA)金奖、英国皇家建筑学院金奖(RIBA,是the Royal Institute of British Architects 的缩写)、欧洲文化大奖"索宁奖"(the Sonning Prize)、日本艺术协会大奖(Praemium Imperiale)等等都很引人注目,但普利兹克奖(the Pritzker Architecture Prize)则被视为建筑界最重要的奖项,有人说几乎就是建筑界的"奥斯卡"奖,甚至是"诺贝尔"奖,虽然这样的对比未必恰如其分,但说该奖的重要性在建筑业中没有其他奖项可及,却绝不为过。因此,每年这个奖颁给谁,其中暗示了建筑设计方面的什么导向,都是大家很关心的议题。

2010年的普利兹克建筑奖,在3月29日颁给了日本建筑家妹岛和世(Kazuyo Sejima)与西泽立卫(Ryue Nishizawa)。这两位日本建筑师组合的建筑事务所叫做SANAA,已有超过15年的合作历史了,他们的建筑作品大多数在日本,也有一些在欧美。看到这个评选结果,我一方面是很赞同评委会的选择,对于时下有点量大于质的建筑发展来说,是一个方向性的把握和引导,我自己喜欢妹岛和世的设计倒不重要,重要的是通过一个具有国际影响力的奖项传达了一个信息、一个学术界的期望方向;另一方面,普利兹克奖评委会的构成和权威性也让我深有感触。

设计行业里,现在各种各样的奖项多,特别国内这些年来的奖项多到几乎有点眼花缭乱的地步。奖太多了,就容易鱼龙混杂、泥沙俱下,权威性就弱了。我曾经参加过国内的几个比较大的评奖仪式,感觉好像人人都有份儿,而获金奖的项目却没有足够的说服力。行业圈子不大、近亲繁殖普遍,既要照顾层层人际关系,又要小心平衡各方利益,最后失掉的就是这些奖项的权威性了。一个历史悠久、具有学术权威性、公正而又能反映设计发展方向的奖项,才能够得到真正的重视,这也就是为什么虽然奖项繁多,但普利兹克奖这样的奖项依然得到全球建筑界高度关注的原因。今年的大奖颁给了妹岛和世的SANAA,国际建筑界大多感觉众望所归,合情合理。

普利兹克奖的权威性,我认为很大程度上来自其评选委员会的多元组成和评委在业界举足轻重的专业地位。大概是多年来做设计理论工作养成的习惯,我一向很

普利兹克奖章

　　注意评委的组成，评委个人本身的权威性自然重要，而评委背景比较多元，也是一个制衡的重要因素。普利兹克评委会由世界公认的建筑家、建筑企业家、教育家和文化人组成，今年的评委是由英国建筑艺术赞助和收藏家彼得·帕伦博勋爵（Lord Peter Palumbo），哈佛大学建筑研究院教授、智利建筑家亚历杭德罗·阿拉凡纳（Alejandro Aravena，2009年开始担任评委），罗尔夫·佛兰堡（Rolf Fehlbaum，2004年开始担任评委），卡洛斯·梅内斯（Carlos Jimenez，2001年开始担任评委），约哈尼·帕拉斯玛（Juhani Pallasmaa，2009年开始担任评委），伦佐·皮亚诺（Renzo Piano，意大利建筑师，2006年开始担任评委），凯伦·斯坦因（Karen Stein，2004年开始担任评委），玛沙·索恩（Martha Thorne，2005年开始担任评委和执行总监）等人组成。看看这些评委，背景的分布很清晰，基本分成三部分：建筑和设计背景的企业家、收藏家占一部分，建筑家占一部分，建筑教育和评论家占一部分。普利兹克奖从1979年开始，评委的组成基本是维持了这样一个构成的比例关系。这大概也是评奖的公正性和权威性的一个保证。

2010年普利兹克建筑大奖评委
彼得·帕伦博勋爵和夫人

2010年普利兹克建筑大奖评委
亚历杭德罗·阿拉凡纳

本届普利兹克奖评委会的主席彼得·帕伦博勋爵是当代艺术和建筑的重要赞助人，也是一个当代建筑、艺术上举足轻重的传奇人物。他从2004年就开始担任普利兹克奖的评委会主席，他本人是伦敦最著名的当代艺术画廊the Serpentine Gallery的董事，也曾担任过伦敦自然历史博物馆的董事。1978—1985年，他担任英国泰特博物馆（the Tate Gallery）的董事，密斯·凡德罗档案馆（the Mies van der Rohe Archive）董事，纽约现代艺术博物馆董事，伦敦白教堂艺术画廊（the White Chapel Art Gallery）董事。1988—1993年是英国艺术委员会（the Arts Council of Great Britain）的主席。做过英国普次茅斯大学（the University of Portsmouth）校长、英国上议院议员，是英国的男爵。毕业于伊顿公学、牛津大学的沃塞斯特学院。在西方国家，帕伦博勋爵是一个非常重要的收藏家，也是英国工党的重要支持人，1972年他收购了密斯·凡德罗设计的地标性建筑物范斯沃斯住宅（the Farnsworth House）和密斯设计的所有家具，并且收购了范斯沃斯住宅周边的土地，完整地保护了密斯的这件重要的作品。他委托了几位当代雕塑家，包括安东尼·卡罗（Anthony Caro）和理查德·谢拉（Richard Serra）在范斯沃斯住宅周边创作雕塑，美化整个环境。2003年他将这栋保存完好的建筑转卖给一个密斯建筑的保护团体，并向公众开放。帕伦博勋爵还拥有匹兹堡的弗兰克·赖特设计的肯塔克·诺博（Kentuck Knob）建筑，拥有勒·柯布西耶设计的位于巴黎附近的重要现代主义经典建筑物（Maisons Jaoul in Neuilly-sur-Seine near Paris）。他在伦敦的建筑、设计、艺术收藏界具有很高的地位，不仅担任众多博物馆、画廊的董事，还是英国重要的建筑基金会（The Architecture Foundation）的董事。

评委亚历杭德罗·阿拉凡纳是智利建筑家和评论家，1967年出生，在智利的圣地亚哥卡托里卡大学（the Universidad Catolica de Chile in Santiago）学建筑，1992年毕业，他一直在这个大学的建筑系教书，并且在意大利的威尼斯建筑学院（the Istituto Universitario di Architettura di Venezia）学习建筑历史和理论，同时在威尼斯的艺术学院（the Accademia di Belle Arti di Venezia）学习版画。1994年开设了自己的建筑事务所，设计了不少具有影响力的公共建筑，特别是智利的天主教大学的医学院、建筑学院、数学院大楼，以及美国得克萨斯州奥斯丁市圣爱德华大学（St. Edward's University in Austin, Texas）的新宿舍大楼。他现在负责智利的一个城市项目的研究，这个项目是研究设计低收入住宅、公共空间、交通组织、城市结构的实际项目，由智利原油公司Copec和卡托里卡大学合作进行，在智利很具前瞻性和影响力，对于发展中国家的类似设计也有很大影响。他现在兼任哈佛大学建筑研究院的访问学者，2004年被《建筑记录》（*Architectural Record*）杂志评选为"年度世界最前卫的10位建筑家"（10 Design Vanguard Architects）之一。

另外一位评委是世界著名的瑞士维特拉（Vitra）家具公司总裁罗尔夫·佛兰堡，他是建筑出版、文献、建筑教育方面的专家，1941年生。作为企业家和文化人，他最感兴趣的工作就是建立企业和文化之间的关系。维特拉是世界上重要的现代家具生产商，在这个工作位置上，佛兰堡和一系列重要的设计师、建筑师建立了很好的关系，包括建

2010年普利兹克建筑大奖评委
罗尔夫·佛兰堡

筑家安藤忠雄、弗兰克·盖里（Frank Gehry）、扎哈·哈迪德（Zaha Hadid），尼古拉斯·格林肖（Nicholas Grimshaw）、阿尔瓦罗·西扎（Alvaro Siza）。他一直致力于收集世界设计的经典作品，并于1989年在瑞士的巴塞尔附近开设了维特拉设计博物馆，通过各类设计展览推动公众对于现代设计的认识和了解。

　　评委卡洛斯·梅内斯是美国的建筑家和理论家，1959年生于哥斯达黎加，1974年移民到美国，在休斯敦大学建筑学院攻读建筑，毕业后在休斯敦做建筑设计，他的大部分设计项目都在休斯敦地区，包括休斯敦艺术博物馆和众多的住宅设计。他是莱斯大学（Rice University）等多所重要大学建筑学院的客座教授，包括UCLA、哈佛大学、南加州大学（USC）和加拿大的大学，并广泛地在欧洲、拉丁美洲讲学，是一位在建筑方面很具有影响力的专家。

　　担任评委的另外一位建筑家是芬兰的约哈尼·帕拉斯玛，生于1936年，现任赫尔辛基理工大学（the Helsinki University of Technology）的建筑学教授。他曾担任过芬兰建筑博物馆（the Museum of Finnish Architecture, 1978—1983）的馆长，1983年成立了自己的建筑事务所，称为"Arkkitehtitoimisto Juhani Pallasmaa KY – in Helsinki"，同时也做展览设计、工业产品设计、平面设计，是个多栖的设计家。他还在

美国、欧洲、拉丁美洲和亚洲的多所大学担任客座教授，在美国圣路易的华盛顿大学建筑系担任教授（Ruth & Norman Moore Visiting Professor at Washington University in St. Louis）。帕拉斯玛曾经在30多个国家举办过芬兰的建筑、视觉艺术、规划方面的展览，他同时是一位出色的评论家，在各种专业杂志和期刊上发表过大量的关于文化哲学、环境心理学、建筑理论、艺术理论方面的文章。他是《芬兰建筑回顾》（ARK, the Finnish Architectural Review）的重要专栏作家。他的著作《皮肤的眼睛：建筑和感觉》（the Eyes of the Skin – Architecture and the Senses）是建筑理论的经典作品，并且是世界上许多建筑学院和大学建筑专业的必读著作。他的大量文章最近由彼得·马克基思（Peter Mac Keith）编辑翻译成英文文集《相遇：建筑文集》（Encounters – Architectural Essays，2005年，赫尔辛基），这本文集在2005年被提名RIBA国际图书奖。2006年，他的另外一本《建筑文集》（Essays on Architecture）出版，里面收集了和他有关系的许多建筑师的访谈和文论，包括卡斯腾·哈里斯（Karsten Harries）、丹·霍夫曼（Dan Hoffman）、史蒂文·霍尔（Steven Holl）、丹尼尔·李伯斯金（Daniel

Libeskind)、科林·圣约翰·威尔逊（Colin St. John Wilson）等等。这本书在建筑界很流行。他是芬兰建筑协会的成员，也是美国建筑师协会的名誉会员。

　　大师是评委中很重要的力量，这届评委中的伦佐·皮亚诺是意大利的建筑大师，1937年出生，曾经获得多个重要的建筑大奖，包括普利兹克大奖、美国建筑师协会金奖、京都大奖、欧洲文化大奖"索宁奖"等。他早年和英国建筑师理查德·罗杰斯合作设计的巴黎蓬皮杜文化中心是高科技派建筑的奠基作品。他是世界知名的建筑大师，相信读者对他已有了解，这里就不多介绍了。

　　评委中一向包括重要的建筑评论家，这届评委中的作家、编辑、建筑顾问凯伦·斯坦因就属于这类人物。她在普林斯顿大学学建筑学，1998—2007年，担任伦敦著名的艺术和建筑出版社费顿（Phaidon Press）的总编，她负责组建费顿出版社在纽约的分社，她在《建筑记录》杂志做过14年的编辑，1994—1995年，获得哈佛大学的罗博学者环境研究基金（Loeb Fellowship in Environmental Studies），现任纽约建筑协会（the Architectural League of New York）董事会董事、纽约现代艺术博物馆建筑和设计部

2010年普利兹克建筑大奖评委
凯伦·斯坦因

2010年普利兹克建筑大奖评委
玛沙·索恩

的副主席。

　　我很感叹的是普利兹克奖历年的评委成员都能够保持这样的结构比例，历任评委都在世界建筑界具有权威性，相当令人叹服。他们中间有：美国国家艺术博物馆馆长J.卡特·布朗（J. Carter Brown, Director, National Gallery of Art, Washington, D.C, 1979—2002），著名的艺术史专家克拉克·索尔特伍德勋爵（Lord Clark of Saltwood, 1979—1982），建筑家兼耶鲁大学建筑学院院长西萨·佩利（Cesar Pelli, 1979—1982），日本建筑家和评论家矶崎新（Arata Isozaki, 1979—1984），重要的建筑和设计赞助者、美国昆明斯工程公司总裁J.埃尔文·米勒（J. Irwin Miller, 1979—1984, Cummins Engine Company, Inc.），美国建筑家菲利普·约翰逊（Philip Johnson, 1981—1985），IBM公司总裁小托马斯·J.沃森（Thomas J. Watson Jr., 1982—1986, Chairman Emeritus, IBM Corporation），建筑家凯文·罗什（Kevin Roche, 1983—1991），意大利菲亚特汽车集团主席乔瓦尼·阿涅利（Giovanni Agnelli, 1984—2003, Chairman, FIAT），日本建筑家槙文彦（Fumihiko Maki,1985—1988），著名建筑评论家埃达·路易斯·赫克斯塔布尔（Ada Louise Huxtable, 1987—2005），英国艺术博物馆（National Gallery of Great Britain）馆长罗斯柴尔德勋爵（Lord Rothschild, 1987—2004，在 2003—2004年担任主席），美国建筑家弗兰克·盖里（Frank Gehry, 1993—1995, 2003—2006, 他自己是1989年普利兹克大奖的获得者），建筑家查尔斯·柯里亚（Charles Correa, 1993—1998），哈佛大学建筑研究院院长乔治·西维蒂（Jorge Silvetti, 1996—2004），建筑史专家、建筑历史基金会的创始人维多利亚·纽豪斯（Victoria Newhouse, 2005—2008），日本建筑家和教授坂茂（Shigeru Ban, 2006—2009），纽约现代艺术博物馆建筑与设计部主任阿瑟·德莱克斯勒（Arthur Drexler, 1979—1986），纽约的批评家布兰登·吉尔（Brendan Gill, 1985—1987），等等。

　　这次普利兹克奖将金奖颁给了妹岛和世的SANAA事务所，众望所归，也更加加深了我对奖项权威性与评委构成之间关系的认识和信念。

我们急需独立的建筑批评 ~

在美国生活了20多年，其实大部分时间也就是在洛杉矶的帕萨迪纳和周边活动而已。因为我的学校在帕萨迪纳，生活也就在附近，去其他地方，仅是出差而已，生活的圈子并不大。比如说买书，除了特别专门的建筑类、设计类、艺术类的书之外，大部分在这里的两家超市型大连锁书店巴尔内斯·诺布尔（Barnes & Noble）、波德斯（Borders）就能买到，专业一点的也多在帕萨迪纳的佛罗门斯（Vromans）书店可以找到，不用跑去其他地方。不过，美国图书销售分类明晰，专业书店的专业性是很强的。比方说，在佛罗门斯，建筑书有五六架，可在圣塔莫尼卡那家极其专注于建筑、设计、艺术的汉尼斯－英格李斯（Hennessey + Ingalls Art & Architecture Bookstore）书店里，建筑类书籍可是满山满谷，架上、桌上、地上到处都是。两者自然就难以相比了。

两个月前，在佛罗门斯书店买了一本建筑评论家埃达·路易斯·赫克斯塔布尔（Ada Louise Huxtable）的《论建筑》（*On Architecture*），这是她半个世纪以来的建筑批评

美国著名建筑评论家埃达·路
易斯·赫克斯塔布尔

文章的文集。埃达是美国建筑评论界的权威，1970年获得建筑评论界最高奖项——普利策批评奖（the Pulitzer Prize for Criticism），她在西方建筑批评界几乎拥有一言九鼎的气势，她的评论对于西方建筑的发展，尤其是对于美国建筑的发展，产生了巨大的影响。

埃达原本姓兰德曼（Landman），1941年在纽约州立大学（CUNY）汉特学院（Hunter College）毕业。一年后嫁给工业产品设计师L.卡斯·赫克斯塔布尔（L. Garth Huxtable），因此改随夫姓。1942—1950年一直在纽约大学（NYU）攻读艺术史和建筑史，研究生读了整整8年。这期间，她从1946年开始在纽约的现代艺术博物馆的建筑与设计部（Architecture and Design at the Museum of Modern Art in New York，简称MOMA）担任策展助理（Curatorial Assistant），直到毕业为止。她在这个时期开始写建筑评论，投稿给《美国进步建筑和艺术》（Progressive Architecture and Art in America）月刊，并且成为《纽约时报》的第一位建筑评论专栏作家。

这两个工作，对于埃达的评论生涯来说太重要了，她对于建筑发展的了解，对建筑理论的了解，加上自己强烈的批评个性，犀利的视野，独特尖锐的批评文笔，在期刊上，特别在《纽约时报》上发挥得淋漓尽致。我看这本文集中她在1965年写的专栏《美国的现代主义》（Modernism: USA），用短短两千来字，把欧洲现代主义建筑被推介入美国的30年历程交代得清清楚楚。1965年推出的"现代建筑展"，更令美国在世界现代建筑的江湖地位自此得以确立。但是，即便当美国建筑在现代建筑运动中呼风唤雨、席卷狂澜的张扬气势中，埃达仍敏锐地提出：欧洲现代建筑虽然没有美国现代主义建筑那么张扬，却更具有内涵，更加细腻，欧洲建筑对现代建筑的基本问题更为关注，而不像美国同行那般突出形式，而忽略了目的（原话是："European architects... in close-up, their work may frequently be less attractive and imaginative than U.S. counterparts, but they are not evading the basic issues." 原书第7页）。

这番写于1965年5月23日的话，可能当时建筑界注意的人不多，甚至某些美国建筑师可能还会嗤之以鼻。但是现在回过头来再读，不得不为她当年敏锐的洞察力而击节赞叹。看看当时美国建筑界喧嚣的气焰，我们是不是可以在当下的中国建筑中看到一些相似的地方呢？现代建筑的基本要素（basic issues）——比如功能好、经济指标合理、建筑为大众服务等，是否已经被我们有意无意地忽视，甚至是为了张扬的功能、为了什么"地标建筑"的目的而刻意回避（evading）了呢？

埃达的洞察力，在那个时候就已经极为超前，如果看看这篇文章的发表时间，1921年出生的埃达当时才40出头，生在当时世界建筑洪流中心的美国纽约，在最具有媒体实力和社会影响力的《纽约时报》担任建筑批评，真是生正逢时。她的清新、犀利的批判文笔，给她带来了许多建筑研究的基金支持，让她潜心写作和研究，她的著名建筑批判集《他们能够最终建完布鲁克纳大道吗？》（*Will They Ever Finish Bruckner*

Boulevard?）就是格莱汉基金会（the Graham Foundation）赞助的。

从那时开始，埃达就一直是美国建筑评论界的主力，她目前担任《华尔街日报》（*The Wall Street Journal*）的建筑批评主笔。埃达的建筑批评专栏我几乎是每周必看的，言之有物，掷地有声，文风凌厉，毫不留情。有人说因为她半个多世纪以来持之以恒地在主要新闻媒体上发表建筑批评，可以说她创造了美国的"建筑新闻学"（architectural journalism）。如果留意看看西方媒体中建筑评论的气势，专业而独立的批判的确是一股不可忽视的力量。

2009年9月，我去北京出差，住在东大桥附近，天天看见那座被大火烧过了的中央电视台配楼的巨大躯壳。但几乎听不到有关的专业批评和分析，国内的媒体、国内的建筑刊物对此基本是噤声的。如果我们有一个可以容许埃达这类人的建筑批判存在的体制，或许这个惨剧不会发生，连库哈斯那个荒诞的建筑玩笑也做不起来！

没有独立的批评、缺乏理论的建筑，不是完整的建筑，就好像一个政体缺乏监督、缺乏制衡一样。完整的建筑应该是建筑设计本身、建筑批评、建筑教育三方面构成的，我们看看世界上最发达的建筑国家的情况，基本如此。建筑批评有三方面的功能：监督建筑设计本身，通过媒体引起社会对建筑的关注而形成社会监督力量，提高民众的建筑观察力。这三个功能，在我们现在的建筑理论界都基本不存在。哪怕我们用掉了全球一半的混凝土、1/3的钢材去建造了史无前例数量的建筑，缺乏建筑批评，我们的现代建筑依然是不完整的，也可以说在精神上依然不是现代的。

埃达对于美国公众建筑观、建筑审美的形成起到重要的推动作用，评论家约翰·科什托尼斯（John Costonis）说她几十年来每个星期在建筑专栏上排山倒海的火力攻击，形成了一种来自社会的建筑压力，迫使纽约的地产开发商、政客、政府官僚不得不躲避三舍（原话是：the continuing barrage fired from （埃达·路易斯·赫克斯塔布尔的）Sunday column... had New York developers, politicians, and bureaucrats, ducking for years.），卡特·怀斯曼（Carter Wiseman）说赫克斯塔布尔坚持知识分子的批评

埃达·路易斯·赫克斯塔布尔与著名建筑
师弗兰克·盖里、伦佐·皮亚诺一同接受
美国PBS电视网主持人查理·罗斯的采访

性、设计的高水平性，使得她成了美国建筑的大众良心和自觉。通过建筑批评唤醒民众，制衡了美国特别是纽约建筑的发展。

1989年前后，我曾经受邀参加过洛杉矶保罗·盖蒂基金会（Paul Getty Foundation）主办的一场研讨会，主要内容是讨论与邀请建筑家理查德·迈耶（Richard Meier）设计新保罗·盖蒂博物馆相关的一些问题。到场的建筑名家不少，迈耶本人，还有解构主义大师弗兰克·盖里（Frank Gehry）均有出席，埃达也在场。埃达在会上的发言，正如她的一贯作风，尖锐直率，直抒己见，即便面对权威，批评亦毫不留情，对后来博物馆的设计起到很重要的方向性指导作用。我当时很感慨，想起国内的建筑批评，还是处于附庸于建筑设计本体、和和稀泥、抬抬轿子，甚至"助纣为虐"的状态。批评界在建筑界里成了"不是搞建筑的"代名词，我们的现代建筑如何能够发展得顺利？

该是呼唤真正的独立建筑评论的时候了。

普利兹克奖最新得主妹岛和世 ~

普利兹克奖是建筑界最高的奖项，往往被说成是"建筑界的诺贝尔奖"，除了这个奖的显赫地位之外，我想奖项给予者所包含的建筑设计趋向，应该是有很特别意义的。几十年来的奖项，都颁给了对于建筑界有贡献的人，同时也是对于建筑发展有启示作用的人，因而这个奖项才会有这么大的影响力。

普利兹克奖（Pritzker Architecture Prize）是1979年由普利兹克家族的杰伊·普利兹克和他的妻子辛蒂发起、凯悦基金会（Hyatt Foundation）赞助的颁发给建筑师个人的奖项。每年有500多名从事建筑设计工作的建筑师被提名，由来自世界各地的知名建筑师及学者组成评审团评出一个个人或组合，以表彰其在建筑设计创作中所表现出的才智、洞察力和献身精神，以及其通过建筑艺术为人类及人工环境方面作出的杰出贡献。

2010年普利兹克建筑大奖评选日本女建筑家妹岛和世（Kazuyo Sejima）和西泽立卫（Ryue Nishizawa）为金奖获得者，是这个建筑最高奖项第三次同时授予两位建筑师。妹岛和世的低调行事、低调设计的风范，和目前建筑界高调先入的做法大相径庭，很耐人寻味。我喜欢妹岛和世的设计，有两个原因：第一是现代而民族，这一点真是不容易兼顾，而她做到了；第二是永远低调地做人做事，这在建筑界并不多见。普利兹克奖颁给她，我觉得很有意义，不仅是对建筑设计的本身，而且也是对于设计原则的执着

和坚持。看到评奖结果之后，倒让我联想起很多事情来了。

　　2009年12月，我参加了"香港2008设计营商周"的论坛，坐在台下听一个个设计师讲自己的设计，学到很多东西。主持人介绍妹岛和世，那是我第一次见到这位很有名气的建筑家。她身材瘦小，英语讲得不算流畅，但是她的作品和设计思想倒是非常吸引我。她那一次是介绍自己几年前和西泽立卫共同设计的日本金泽21世纪美术馆，那是一个好像漂浮在森林中的半透明碟形建筑物。我曾经在其他展览上看到过这个建筑的模型，该设计获得了2004年威尼斯双年展的金狮奖最佳方案奖，那次获奖令妹岛和世吸引了国际建筑界的目光。

　　金泽美术馆是一个非常低矮的圆形建筑，像一个飞碟悬浮在金泽市的中心绿化地带。360°透明开放的玻璃幕墙，让室外风景自然融入室内，有着强烈的开放感觉，因为是圆形而透明的，因此建筑本体似乎并不存在一样，很空灵。去参观这个美术馆，里面的艺术品与建筑、周边的森林和草地融为一体。它的内部结构以一个偏心圆为中心，周围游移着19个正方体的展示厅，这些立方体的箱子都有一定的比例，平面尺寸有3种基本类型：1∶1、黄金比率、1∶2，而天顶的高度为四种基本型：4.5米、6米、9米、12米。看似随意的立方体箱子，而实际上有着严格的规范。传统美术馆空间在妹岛手下被解体，取而代之的是一种有序的解构。这种"有次序的解构"（orderly deconstruction），是她和解构主义者之间很大的不同，也是她和其他新现代主义者之间的差异，把解构和冷序性结合起来，是妹岛和世最为显著的特征。建筑的采光设计、透明的结构，使室内自然光线柔而舒适。看到这个建筑，我想起了水下那些透明的水母。在香港设计会上，妹岛和世说，她之所以把美术馆设计成透明的，主要不是为透明而透明，而是觉得美术馆这类公共建筑不仅仅是展览美术品的场所，更是人们接触城市、自然的平台，这样做，可以让人们在看展览的时候也感受到和城市、周边的自然环境融为一体。建筑是和城市、和环境对话的平台，这是她的一个很重要的设计原则。

妹岛和世2003年设计的东京迪奥精品店大楼

　　我这几年都很注意看她的设计，在日本设计时尚中心原宿（Harajuku）青山（Aoyama）的表参道，有个叫做Hhsytle.com 原宿本店就是她设计的。Hhsytle.com是个连锁店（在东京已经有4家了），本店设在原宿，专门销售世界各国优秀设计产品，很值得去看看。这个建筑表面好像日本的折纸，但是用金属做的。据说加工难度很高，因为要让表面的不锈钢材料干净利落地转折起来，加工很不容易，还要考虑到金属的冷缩热胀，处理上的难度就更高了。我去看过这栋建筑，非常干净利落，有强烈的日本传统手工艺的韵味。

　　到原宿青山，还可以看到妹岛和世的另外一个代表作品——Dior 东京旗舰店大楼。这也是SANAA建筑事务所的作品。妹岛和世非常擅长用玻璃设计，位于表参道的这家Dior大楼，外观由一块平坦而明净的灰白色特规玻璃制成，非常简练而优雅。据说在设计的时候，妹岛和西泽是从迪奥（Christian Dior）设计的带褶女装中获得灵感的，她在高透明层压玻璃内侧创新地装上裙褶一样的丙烯板。为了将丙烯板弯曲成希望的裙褶形状，又能够让人透过丙烯板看到店内的情况，她反复摸索，最终确定先在丙烯板上刷上条纹，然后在玻璃和丙烯板之间装上光纤照明设备进行打光。

　　在纽约的包尼（Bowery），我还看过她的另外一个设计——纽约的新当代艺术馆（New Museum）。这幢七层楼高的建筑由7个长方体组合而成，好像白色的积木一样，在灰暗的街区里特别显眼。据说她之所以用白色立方体组合的概念，是为了达成项目招标时的要求：要求做一个炫目的当代艺术馆，要求必须跳出这个狭促的街区，同时要给人们一个舒适自由的参观空间。妹岛不仅在一片狭小的区域插下了一幢让人印象深刻的建筑，在建筑内部她放弃用墙壁和立柱间隔各个展厅，取而代之的是错落有致的平台。不同高度的台阶连接着各个平台，走进这个建筑，就好像在高低不同的平台上游动，晚上看见星星点点灯光从博物馆的墙隙中散落出来，使这栋建筑有很浓厚的东方感觉，有人说具有禅味儿。她说，要求自己做到的是使这个建筑给人外面是纽约、里面是世界的激动。

为什么我感觉她有自己的强烈特点呢？那是因为在后现代主义滥觞之后，世界建筑界再次流行透明、纯粹、简单的现代主义。在这股新现代主义的浪潮中，妹岛和世静静地体现了自己简朴、朦胧、甚至暧昧的日本美学来。她并不像过往纯粹密斯或柯布西耶的现代之路，绝对化到极点。她的设计表现出一种在绝对之间的羞涩，一种在刻板之间的玩味，一种在国际主义之间的民族情绪。这一点实在难能可贵，需要多看多体会，而难以简单用图片、语言来明说的。

细看妹岛的作品，令人感受到她的设计具有强烈的日本传统美学观点，她的极简而飘逸的建筑风格，消解建筑体量感、强调通透感的建筑设计不是对西方新现代主义的简单沿袭和演绎，而是更多地来自己本身的审美价值观。本届普利兹克奖评委会主席帕伦博勋爵说："SANAA的作品同时体现出微妙和力量、明确和流畅，它非常巧妙但又不过度卖弄聪明；而从建筑设计的创造性上来看，这些作品成功地与它周围的语境结合在一起，同时它所包含的运动则又建立起 一种丰满的感觉和经验上的丰富性；他们建立了一种非凡的建筑语言，这种语言从激动人心的协作的过程中涌现出来；无论是从他们已经完成的著名建筑，还是从他们对新项目的承诺，妹岛和世和西泽立卫都值得得到2010年度普利兹克建筑奖的认可。"说到"巧妙而不卖弄"、说到"与周围的语境相结合"，这两点恰恰是日本当代建筑设计的关键。这两个方向，是SANAA从20世纪90年

妹岛和世设计的
纽约新当代艺术馆

代开始探索的。除了对结构和设计的关注,他们开始把注意力投向周围生活群落、环境和客户的个人需要,这个探索经由今年的普利兹克奖得到了确认。

在国际建筑学界、评论界,妹岛和世早已是超级巨星。很多建筑评论人把妹岛和世与伊东丰雄、安藤忠雄相提并论,因为在他们的作品中都不约而同地流露出对明净、空旷、匀质这些词汇的迷恋,并且在对建筑这一名词具体化实施的进程中往往能挖掘出更多的空间内涵。妹岛和世1956年出生于日本茨城县,在日本女子大学获得硕士学位后于1981年进入伊东丰雄建筑设计事务所。14年后,与西泽立卫成立了SANAA建筑设计事务所。随后,SANAA在国际舞台上屡获殊荣。在威尼斯获得金狮奖没多久,他们又在瑞士洛桑(Lausanne)联邦理工学院(EPFL)的劳力士学生学习中心(Rolex Learning Center)的项目竞标中胜出,参与这个设计项目竞赛的有法国的让·努维尔、瑞士的赫尔佐格和德梅隆、荷兰的OMA、英国的扎哈·哈迪德,都是一时之选,由此也可以从侧面证实她的实力。她手头的大项目有西班牙的巴伦西亚近代美术馆扩建项目,位于法国北部小镇伦斯(Lens)的卢浮宫第二项目,这座卢浮宫的"乡村版"设计也是将建筑放在公园内,和金泽美术馆有异曲同工的地方。她大量地运用玻璃外墙等材质,让建筑感觉轻盈而且飘浮,因此媒体称她的作品是具有"穿透、流动"式的建筑。但是妹岛的开放透明设计并非是一丝不挂的裸露,而是一种亚洲式的含蓄的暧昧。根据她自己的描述,她的设计就像是一件朦胧的半透明的晚礼服，一些半透明材料的运用和巧妙的空间间隔使得场馆既不存在丧失私密性的危险，又获取了自然的力量——阳光和空气。

我见到的妹岛和世是一个非常朴实的女人，素颜，戴着一副普通的黑框眼镜，穿着简单的连衣裙、平底鞋。据说是工作狂，她每天工作到凌晨，次日上午十点左右起床，建筑设计可以说是她唯一的兴趣，连她自己都承认建筑以外的兴趣只有购物，她喜欢日本时装设计家川久保玲的"宛如男孩"（commes des garcons），生活朴素到无奇的地步。

我们看看普利兹克奖这几年颁奖的变化，从去年开始特别青睐低调、简洁、精致的建筑作品，去年是祖姆托获奖，今年则是妹岛和世和SANAA，都是属于纯粹、简洁的设计，但是又都有自己演绎纯粹的个性特点。

SANAA是两个人的组合，这是普利兹克奖有史以来第三次提名两位建筑师同时获奖，此次SANAA获奖是日本建筑师在15年后第四次登上普利兹克奖的领奖台。前三位分别是1987年获奖的丹下健三、1993年获奖的槙文彦以及1995年获奖的安藤忠雄。

承上启下约翰逊 ~

新现代主义，虽然在法国是一个近乎有点反美情绪的民族建筑运动，在美国可是一个很符合建筑逻辑发展的潮流：现代主义在第二次世界大战期间进入美国，战后成了国际主义风格，之后有后现代主义兴起，在后现代主义的浪潮中，还是有人考虑保护和发展现代主义，参与的人也不少。新现代主义其实并非对后现代主义的承继或者反叛，而是与后现代主义同时进行的一个建筑探索运动。

前两年，我写过一本书，叫《激情现代》。谈及现代主义第一代的几位大师，包括沃尔特·格罗皮乌斯、密斯·凡德罗、勒·柯布西耶等人，对现在流行的新现代主义建筑的影响；也谈到我自己熟悉的一些美国建筑家和建筑事务所——查尔斯·莫尔的MRY建筑事务所，史蒂文·艾里克、佛列德里克·菲舍尔等在这股新浪潮中的表现。

现代主义建筑的第二代大师，尤其是菲利普·约翰逊、西萨·佩利、贝聿铭、保罗·鲁道夫等人，对于新现代主义的重新峢起，更具有直接的影响作用，正是在他们的影响下，第三代大师成长起来了。

2005年1月25日，星期三，我很清楚地记得那一天。在美国的大学里，学校通常会给教授配备一位由高年级学生担任的教学助手，英语简称TA，是teaching assistant 的缩写。工作大到帮教授准备课程内容的相关资料，小到帮我装电脑软件，总之教学上有什么事情需要帮忙，打个电话随叫随到。我的TA是个很内秀的美国青年，个子高大，面貌清秀，叫亚当·曼佛德，喜欢看书，特别是建筑史方面的书。我问他，世界最鼎鼎有名的城市研究专家就叫曼佛德，是否跟他有亲戚关系，他笑笑说没有。他的女朋友也是我的学生，从莫斯科来的俄国女孩，高级知识分子家庭出身，讲起肖斯塔科维奇，那是一流，是一对很般配的年轻人。

那天我要把存在iPod上的照片资料转到教室里的苹果G3电脑上，好在上课的时候放给学生看，便让亚当来帮我转。他走进教室后悄悄对我耳语了几句：菲利普·约翰逊在康涅狄格州的家中去世了。我听后相当震惊，一时无语。当时班上有三十多个学生等着上课，我于是转过身来告诉同学们，大家默哀一分钟，表示我们对一代大师的悼念。

20世纪出了一大批现代主义大师，也出了不少后现代主义大师，如果要列出名单，我想一口气总可以列出上百个来。但是讲到对建筑的影响，能够超过约翰逊的却少而又少。1928年他被纽约的现代艺术博物馆派到欧洲去察看新

约翰逊在康涅狄格州纽康南为
自己设计的住宅

建筑，这位当时才22岁的青年人一看见德国包豪斯那批人和柯布西耶的那些建筑，非常敏感地意识到：这些建筑会成为国际建筑的新标准和发展的新方向，并立马就在那里给这种建筑风格起了个"国际主义风格"的名字。你想，1928年是什么时候？德国政府还设在魏玛，德国元首还是那个老得连匹马都爬不上去的辛登堡，全国没几栋现代建筑，威森霍夫国际建筑展刚刚开幕，整个欧洲也还处在两次大战之间的动荡之中，他居然就能够看到现代主义建筑有一天会成为国际建筑主流的未来，这要何等的敏锐和聪颖啊！

1928年的欧洲之行中，约翰逊第一次见到了密斯，密斯当时正在为1929年巴塞罗那国际博览会的德国馆作设计。这次会面给约翰逊留下极为深刻的印象，也为两位大师一生的既合作又竞争的关系打下了基础。

1949年，他为自己在康涅狄格州的纽康南设计了"玻璃住宅"，比密斯的第一栋玻璃住宅"范斯沃斯住宅"还要早上几年。落成时请了一大批人来开party，密斯站在那里，说不出话来：明明"少则多"的原则是自己提出的，但是却给这个家伙拔了头筹，怎么说？弗兰克·赖特则直接宣泄了他的反感，站在屋里不肯脱帽子，还挺讽刺、揶揄地问约翰逊：我这是在室内还是在室外啊？可格罗皮乌斯喜欢，阿尔瓦·阿图喜欢，马谢·布鲁尔喜欢，路易·康喜欢，后来柯布西耶来了，也喜欢。从此，约翰逊在建筑界的地位就确立了。这住宅毋庸置疑是北美最早的密斯风格独户类型的住宅建筑，约翰逊本人也很喜欢这栋住宅，他最后就是在那里去世的，以后这里一定会是他的博物馆了。

1957年，密斯找约翰逊合作，希望通过他在纽约拿下一个大项目，也好向世人宣昭现代主义时代的来临。结果就是他们两个人合作设计的西格莱姆大厦（翻看任何一本现代建筑史，都少不了这栋建筑）成了现代主义的里程碑。

1970年前后，眼看现代主义问题丛生，民间积累了对"少则多"的怨恨，希望看到建筑上有点色彩，有点迥异于冰冷的钢材、玻璃、水泥的传统材料，有点趣味，有点装饰，甚至有点调侃。约翰逊见宾夕法尼亚大学的青年研究生罗伯特·文丘里的设计很符合这个趋向，于是决然全面抛弃了他赖以起家发迹的现代主义风格，设计了纽约的AT&T大楼（现在叫索尼大楼）。石头立面，顶部开个叫齐平

约翰逊和密斯合作设计的纽约西格莱姆大厦,成为国际主义风格的里程碑

约翰逊设计的纽约AT&T大
楼，开创了后现代主义高层
建筑的先河

约翰逊1970年设计的肯尼迪纪念广场

戴尔的口子，装饰得很，调侃得很，内庭有竹子，有杜布菲的雕塑，好可爱的一幢大楼，开了高层建筑后现代主义之先河。说后现代，又是他开的头。

前年他上了个电视节目，讲自己住宅的设计，居然正在作一个解构主义的新设计！解构主义算是"现在进行时"的运动，他一个1906年出生的人，能够跟随新事物这样紧，非常令我吃惊。

此人文化实在太高，青年时期学哲学，学古希腊语和拉丁语，之后学艺术史和建筑史，又学建筑设计，在现代艺术博物馆干了半辈子，世界上一流的大艺术家他几乎都见过，其中很多人还是他的私密好友。跟他聊天，不经意冒出句"战后那会儿和毕加索在这里吃饭，叫他在餐巾纸上签个名，没想到他干脆画张速写给我了"，"我1930年没有请赖特来参展，有点失误，我喜欢他的建筑，不过他本人倒真是个很猥琐的家伙（他用的字眼是nasty）"，或者说"安迪·沃霍尔突然半夜打电话问我家里有什么好吃的，因为他自己冰箱空空如也"，这些话里的主角都是见到能吓你一跳的角色。他自视甚高，阅历又极丰富，跟他聊天，总让人感觉有点跟不上。他老先生天马行空，建筑史的掌故如数家珍，一多半事情他自己还是参与者。一次，我有机会见到他，听他海侃，真有一种小学生的惴惴然、惶惶然的感觉，坐在那里，只有听的份儿，很难插得上话。

有些人将约翰逊定义为后现代主义者，但在我看来，他最主要的功绩依然是现代主义的推广。现代主义在战后被称为"国际主义风格"（国内也有人翻译为"国际风"

1974年，约翰逊在得克萨斯州福特沃斯市设计的"水公园"

的），形式上一样，服务对象和意识形态内容不同，他是最主要的推手。

约翰逊最著名的现代主义建筑作品起码有两个：一个是纽约的西格莱姆大厦，一个便是他在康涅狄格州纽康南为自己设计的家。

只要去纽约，我一定会去看看他和密斯合作设计的西格莱姆大厦。这个作品简朴、纯粹、精致而高雅，尺度和比例、颜色和材料都恰到好处，是现代主义风格的杰作，后来成了全世界各企业总部争相仿效的典范，总令人有常看常新的感觉。

至于他在纽康南的家——那栋"玻璃住宅"，我还没有机会亲见，不过相关的文字和图像资料则看得多了。工工整整一个长方形玻璃和钢结合的盒子，里面除了几把密斯的巴塞罗那椅子、一张单人床、一张桌子之外，几乎什么都没有，简约到如此地步，当年简直让人感觉匪夷所思。不过，现在就"热"得厉害了。听芝加哥建筑协会的一位朋友说，现在想去参观则起码要提前3个月去预约呢。

菲利普·约翰逊在建筑行业中影响巨大，无论从理论上还是实践方面，受他影响的人无数。他的弟子也都相当厉害，被人们称之为"约翰逊帮"（Kids），其中包括不少建筑界的大人物。这些人多在美国东海岸，受他影响极深，之后不少都成了名家。例如后现代主义理论的奠基人之一罗伯特·斯坦因（Robert Stern）；1966年"纽约四人"之一的彼得·埃森曼（Peter Eisenman），现在是解构主义理论和设计的顶级专家；另外一位"纽约四人"的成员理查德·迈耶（Richard Meier）成了新现代主义的干将；还有后现代主义超级明星麦克·格里夫斯（Michael Graves）等等。这些人现在都在国际建筑舞台上呼风唤雨，对国际建筑的走向很有影响，但是要说到源，都还在约翰逊那里。

约翰逊可以说是活到老，做到老，直到2004年，他还参加达拉斯"希望大教堂"的项目投标。他曾在美国公众电视台接受查理·罗斯（Charlie Ross）的采访，当被问道"你最喜欢设计什么建筑"时，他说：既不是公建，也不是住宅，而是教堂，因为教堂可以设计得很抽象。问他最大的遗憾是什么，他回答说是"哲学没有学好"。这两个回答，其实可以归纳在一起，是他希望在人生最后的阶段能够设计一个具有抽象表现力的、

表现自己对哲学了解的大教堂。据说当时的评选意见已经基本确定是选择他设计了，没有想到2005年元月他却撒手西去。要说这个一生完美得简直无法形容的人还有什么遗憾，我想就是没有能够自己亲手去完成这个项目了。

过了没几天，我就在2005年第5期的《建筑记录》（*Architecture Record*）月刊上，读到纪念约翰逊的长篇专栏文章，有一篇是建筑评论家佛朗兹·舒尔茨（Franz Schulze）写的，另外一篇是麦克·索尔金（Michael Sorkin）所撰，给予他的评价之高，在建筑界是极为罕见的。

约翰逊推动现代主义风格，形成了运动，并且借自己具有绝对影响力的纽约现代艺术博物馆来推动这个运动，从而影响了全世界现代建筑的发展，在建筑发展历史中，能够有这种力量和影响的人，他可能是唯一的一位。

中国现代建筑的先驱们 ~

南京的孙科公馆，1948年
由当时国内著名的建筑师童
寯、赵廷宝设计

我在南京见到一处抗战前设计的建筑，是一个强烈的现代主义和Art Deco风格的建筑群，了解了一下，原来是早年的美国军事顾问团公寓大楼。这个公寓大楼（当时叫做Apartment for American Advisory Delegation, 1936—1946），在今鼓楼区北京西路67号、65号（原为北平路73号），公寓分为A、B两幢大楼，俗称AB大楼。占地面积约2.4万平方米，建筑面积约1.5万平方米。这两幢公寓是国民政府购地所建。1935年，由上海华盖建筑师事务所童寯、赵深、陈植等设计，新金记康号营造厂营造。1936年开工，因抗战爆发，工程暂停，直到1945年抗战胜利后才竣工。楼四层，从外观到内部，全部使用钢架、玻璃和预先浇铸的构件，彻底摈弃了传统装饰，简洁抽象的长方体延伸组合，窗户做通长的水平带状，虚实对比的极致性和几何形体的纯净性，生出强烈的现代感，也是我们在佛罗里达的Art Deco 建筑中非常常见的手法之一。墙砖后贴，雨篷后建，现为华东饭店。美军顾问团公寓是中国现代建筑发展的一个重要实例。

南京的这个"美军顾问团公寓"建筑具有非常强烈的现代感，不知道背景的话，真会以为是外国人设计的，其实3位建筑师都是中国人，并且都是中国现代建筑的重要奠基人。他们是活跃在南京的中国第一代现代建筑的代表人物，背景很相似：清华学堂（清华大学前身）、宾夕法尼亚大学，回国参与南京和上海的建筑设计。因为教育背景相似，因此他们之间在业务上很有共同语言，很容易合作得好。

几位参与这个项目的建筑师中，童寯来自东北奉天（今沈阳）的一个农民家庭。1920年，中学毕业后去天津新学书院专修英语，次年夏天，先后参加唐山交通大学和北平清华学堂高等科入学考试，均以优异成绩通过。他学习勤奋，各门功课成绩优异，英文和绘画更为突出。1925年升入大学科，获得留美资格。同年秋，公费赴美，就读于费城宾夕法尼亚大学建筑系，与杨廷宝、陈植、梁思成等先后同窗学习。童寯学习刻苦勤奋，1928年冬，3年修满6年全部学分，获得建筑学硕士学位，提前毕业，接着在费城、纽约两地建筑师事务所实习、工作各一年。1930年春，赴欧洲英、法、德、意、瑞士、比利时、荷兰等国考察建筑，最后经苏联回国。旅欧期间，西欧古代文明和瑰丽建筑遗迹，

以及生机勃勃的新建筑,使他为之振奋和叹服。从欧洲回国即受聘于东北大学建筑系,任教授和系主任。1931年,九一八事变,建筑系被迫解散,他帮助学生脱离险境后,自己也举家迁往北平。年底应陈植之邀赴沪,后来与赵深、陈植合组华盖建筑师事务所。1937年上海沦陷,次年接受资源委员会技术长官叶诸沛之邀辗转至重庆。后在贵阳开办华盖建筑师事务所分所,完成省立陈列馆、科学馆、图书馆和清华中学等许多建筑设计。1944年,应中央大学建筑系刘敦桢之邀抵重庆,在授课之余继续建筑师业务。这一时期还有许多其他著名建筑师应聘,中央大学建筑系一时人才荟萃、蒸蒸日上,被称做中央大学建筑系"沙坪坝黄金时期"。抗日战争胜利后,中央大学迁回南京,他仍往返沪宁两地从事华盖建筑师事务所业务和在中央大学建筑系任教。1949年以后,童寯专职任教于南京大学建筑系。1952年,院系调整,他便在南京工学院建筑系任教授。

第二位建筑师赵深,1898年生于江苏省无锡县一个教师家庭。1911年考入清华学堂,在8年学习期间享受公费待遇。当时清华学堂选拔品学兼优的青年入学读完预备课后,派赴美国留学。在赵深之前,清华学生赴美留学学建筑的已有庄俊、吕彦直、关颂声、巫振英、张见坼、林澍民、朱彬等人;其后,又有杨廷宝、董大酉、陈植、梁思成、童寯、过元熙、王华彬、哈雄文等人。他们学成归国,成为中国第一批现代建筑的骨干。1920年,赵深也进美国宾夕法尼亚大学建筑系学习,被插入建筑系二年级下学期。1922年夏,获得建筑学学士学位,1923年获得硕士学位。在两个暑假内,利用机会到纽约的建筑师事务所工作实习,毕业后,先后在美国几个建筑事务所工作,1926年回国,途中也曾到欧洲考察建筑。1927年在上海一个美国事务所工作的时候,赵深负责设计了八仙桥青年会大楼工程,这是国内第一座具有中国民族风格的高楼,在建筑界得到了普遍的好评。

1931年,陈植与赵深合伙,成立赵深陈植建筑师事务所。九一八事件发生后,童寯从东北来沪,与赵深、陈植合伙,3人创立了华盖建筑师事务所,总部设在上海,抗战时期内迁,抗战结束之后回到华东。他们设计了大量的项目,其中这个美军顾问团公寓就

是一个很杰出的项目。

解放后,赵深在北京的建筑工程部中央设计院(即后来的北京工业建筑设计院)任总工程师,兼任华东设计院总工程师。1955年调回华东设计院任总建筑师,同年又被任命为副院长兼总建筑师。

第三位建筑师陈植,1902年出生于浙江杭州,1915年考入北京清华学堂,1923年毕业,同年公费赴美入宾夕法尼亚大学建筑系学习。1927年陈植从宾夕法尼亚大学建筑系毕业,获建筑学士学位,转入该校建筑研究院深造。这一时期他还在费城建筑事务所兼职。1928年,陈植获建筑硕士学位,之后在纽约建筑事务所工作一年,1929年回国。回国后,陈植应当时东北大学建筑系主任梁思成之邀,赴该校任教。在东北大学任教的3个学期中,陈植还同梁思成、林徽因和张作甫以梁林陈张营造事务所的名义设计了吉林大学总体规划及教学楼和宿舍。1930年年底,陈植接受上海浙江兴业银行的设计

陈植、赵深设计的原国民政
府外交部大楼

委托，翌年2月，即辞去教职，到上海与赵深合组赵深陈植建筑师事务所。1931年冬，童
寯来沪，应邀加入。1933年，事务所更名为华盖建筑师事务所，"华盖"这个名字是由赵
深的忘年之交、中国建筑师学会名誉会员叶恭绰择定的。自此以后，华盖业务日渐发达，
在沪宁两地完成了大量的设计任务。抗战期间，陈植一人留驻上海。自1938年开始，在
之江大学建筑系任教达6年。抗战后"华盖"继续工作，直到1952年结束业务。陈植与赵
深、童寯在华盖建筑师事务所合作整20年，各展所长，配合默契，相互尊重，共同切磋，
坚守职业道德，热忱培养青年，自始至终非常融洽，未有任何龃龉。业务结束之后，陈
植同赵深一起加入华东建筑设计公司，均任总工程师。1955年，陈植就任上海市规划建
筑管理局副局长兼总建筑师，参与领导上海的城市建设。1957年任上海市民用建筑设
计院院长兼总建筑师，同时担任上海市基本建设委员会委员，对上海建设作出了重要
的贡献。

　　当时在华东的重要建筑师还有董大酉（1899—1975年），他的经历和前面几位也很相似。从清华到留美，回国投入建设和规划，不同的是他回国之后主要参与上海的设计，在南京的项目就不多了。董大酉1899年出生于杭州，1922年毕业于北京清华学堂，随后赴美国留学，获明尼苏达大学学士学位和哥伦比亚大学硕士学位。1927年进入亨利·墨菲的设计事务所工作。1928年，董大酉返回中国，次年被推选为中国建筑师学会会长。1929年上海特别市政府制定大上海计划，聘请董大酉担任上海市中心区域建设委员会顾问及主任建筑师，负责主持大上海计划的城市规划和建筑设计。整个大上海计划的规模相当宏大，因此在抗日战争爆发前仅完成了道路工程和一些重要的公用建筑。这些重要的建筑作品大多是董大酉所设计，包括上海市政府大厦、市政府五局办公楼、上海市博物馆、上海市图书馆、上海无名英雄墓、上海市运动场（今江湾体育中心）、上海市立医院及卫生试验所等，在1933—1937年间建成。这批作品均位于今上海市杨浦区五角场地区，设计风格为中国古典风格，色彩华丽。

　　在南京一路看民国建筑，一路拿着手上的资料看建筑师，好多好多作品都出自这些人的手，一代大师奠造了一个辉煌的建筑时代，令人感动和感叹啊！

Mies Van der
Rohe.
2010.5

那一个白色的精灵 ~

　　密斯的设计，多是设计高层建筑，以办公大楼、高层住宅居多。在他为数不多的独栋住宅中，最为突出的应该是所有现代建筑史都不会忽略的范斯沃斯住宅（Farnsworth House, Plano, Illinois）了。

　　这栋住宅，完成于20世纪50年代初（从维基百科上查到两种说法：1945—1950年，以及1946—1951年），是密斯为芝加哥大学的欧洲文学教授艾迪斯·范斯沃斯（Eddis Farnsworth）设计的。该建筑完全是一个长方形的玻璃盒子，面积为8.5米×23.5米，内部仅设计了一个封闭的小服务中心，把浴室、厕所这些设施放在里面，其他地方则完全是敞开通透的。整栋建筑由白色钢铁框架构成，用8根钢柱将建筑支撑着离地而起，外墙是整面透亮的大玻璃，不论是从建筑内部向外面看，或是从室外向室内望，均是一览无余，简单到无以复加的地步。这一设计，将密斯在设计1929年巴塞罗那国际博览会德国馆时奉行的极减主义精神发挥得淋漓尽致。

　　这栋住宅是有故事的，当年范斯沃斯小姐非常崇拜密斯，两人交往很密切，一时流言很多，说他们的关系已经超出一般，是两情相悦的密友。两个那么聪明的人，有点关系我看也无可非议。相信当时密斯投入的除了大师功力之外，还有一腔柔情。密斯是个很会生活的人，同时期的年轻建筑师造访他，总能在他家里享用到顶级的咖啡，欣赏到最好版本的交响乐。这样的一个人，设计这样的一个项目，怎么会不精彩呢？难怪他几乎所有的作品都是黑色的，伟岸阳刚，唯独这一栋，却是通体雪白，娇小玲珑。范斯沃斯住宅那么单纯，那么纯粹，并且是密斯建筑中极少数完全用白色的，我看有爱的因素在那里。

　　这栋房子不大，坐落在湍急的狐狸河（Fox River）畔，从房前的台阶到河边不足百米，前后皆是绿油油的草地，草地的后面是一片树林。门前一棵巨大的糖枫树，浓密的树影精心地呵护着这栋娇小的建筑。

　　范氏小屋整栋建筑是钢框结构的，除去屋顶和地板之外，四面都是透明的玻璃墙。从内到外，干净利落，没有一条多余的线，没有一个多余的面，窗帘、地毯均是中性纯

位于伊利诺伊州普拉诺镇狐狸河畔的范斯沃斯小屋，是现代主义大师密斯设计的为数不多的独栋住宅建筑

色，简洁到了极致，更没有一丝多余的装饰。人在室内，就像置身于林中草地上一样，感受得到青草的多汁柔韧，听得到松果落地的声音，望得见河上的波光涟漪。大枫树的枝叶随风摆动，一串串的光影便透过玻璃墙，在室内追逐、舞动。如果将这样的美景用密闭的墙隔绝开来，那可真是罪过。密斯的设计是非常用心的，门窗、家具就不必说了，每一件皆是精品，连室内所有的灯都细心地设计成向下直射的，灯罩都是直筒式的，所以

金秋里的范斯沃斯住宅

绝少漫射光，即便夜晚开着灯，坐在屋内，仍能看到满天的月影星光……

　　密斯本人对这栋建筑是非常钟爱的，1958年在与挪威现代建筑家克里斯汀·诺伯格－查尔兹（Christian Norberg-Schulz）的谈话中，他说道："自然也有它自己的生存方式，我们必须小心翼翼地不要用我们房屋的颜色或室内的陈设去打扰它。我们必须努力将自然、房屋、人，联系成一个更高级别的整体。当你从范氏小屋里透过玻璃墙去欣赏大自然的时候，你会体味到比站在室外观赏时更多、更深切的感受——自然其实是一个更大的整体的一个部分。"（Nature, too, shall live its own life. We must beware not to disrupt it with the color of our houses and interior fittings. Yet we should attempt to bring nature, houses, and human beings together into a higher unity. If you view nature through the glass walls of the Farnsworth House, it gains a more profound significance that if viewed from outside. This way more is said about nature—it becomes a part of a larger whole.）

　　现代主义绝不是一种简单的风格，它对功能的重视，对材料的执著，对尺度的精准，对比例的考究，都令它历久不衰。笔直的钢材，平板的玻璃，在通常的概念中，都是冷漠的、坚硬的、沉重的，可是到了密斯的手里，竟然可以是这样诗意的、轻盈的、婀娜的！当然，建筑本身的美，离不开周围环境的美——这栋建筑，就是专门为这么个环境来设计的。在这样的环境中，除了这栋娇小玲珑的、晶莹剔透的小白屋以外，真想不出能有什么别的建筑可以配得上？反之，如果将这栋小屋搬去别处，虽然它仍然是美丽的，但恐怕也只能是一个美丽的雕塑，或者美丽的摆设，而绝不是一个可以乐居其内、安享其外的住所了。

令人绝想不到的是：建筑完成之后，一片叫好声，唯一不喜欢的却是范斯沃斯自己。她觉得新住宅剥夺了她的个人隐私，好像赤裸裸地暴露在自然中，要求密斯改改，密斯一口回绝，两人因此交恶，最后范斯沃斯把密斯告上了法庭（其实，不要说60年前，即使在今天，除了河上偶尔有一两条小船之外，四周也少有人迹，何况卧室四周还设计了可以开合的厚厚木帘，真不知道范小姐缘何兴讼）。这个作品，一定伤透了密斯的心。因为在他来说，是把自己最好的东西给了自己喜欢的女人，而对方却完全不领情。当然，撇开情感，单从建筑的层面来看，倒是揭示了现代主义与心理舒适感之间的矛盾。

不过密斯没有因此却步不前，而是进一步发挥了自己的这个国际主义风格的原则，

银装素裹的范氏小屋

室内的家具也和建筑本身一样，精致而简洁

1950—1956年他设计的伊利诺伊理工学院的布朗楼（the Brown Hall），就是一个新的进步。

与范斯沃斯住宅一样，布朗楼也是一个玻璃盒子，面积是36.5米×67米，室内高约5.5米，由4对柱子支撑，完全敞开，不同的仅仅是采用了黑色的钢铁构架、建筑尺度高大得多而已。这栋建筑成为国际主义风格的一个宣言。

密斯的作品是"于无声处听惊雷"类型的。看去平实朴素，越看越耐看，因为他有自己强烈的诉求，作品就不仅仅是个建筑，而是一个固化的哲学作品了。

后记：现代人能有幸观赏密斯的这栋60多年前的经典之作，不能不感谢一位英国人——彼得·帕伦博勋爵。范斯沃斯女士在这栋小屋中居住到1968年，后移居意大利，并终老于托斯坎纳。1968年，她将这栋小屋卖给了帕伦博勋爵。

帕伦博勋爵是一位地产开发商、艺术品收藏家、建筑鉴赏家，曾经担任英国艺术委员会主席多年，是一位非常有艺术品位的实业家。他第一次看到范氏小屋的幻灯片的时候，还是依顿公学的学生，用他自己的话来说"我当时就被它击倒了"，从此，他就称这栋白色的小屋为"一首诗"（a poem）。收购了这栋小屋之后，帕伦博勋爵首先拆除了范斯沃斯女士加装的防虫纱网，然后请来了密斯的外孙、建筑师德克·洛罕（Dirk Lohan）将整个室内加以重整，更新了有20多年历史的厨房设备（但仍然是采用GE公司

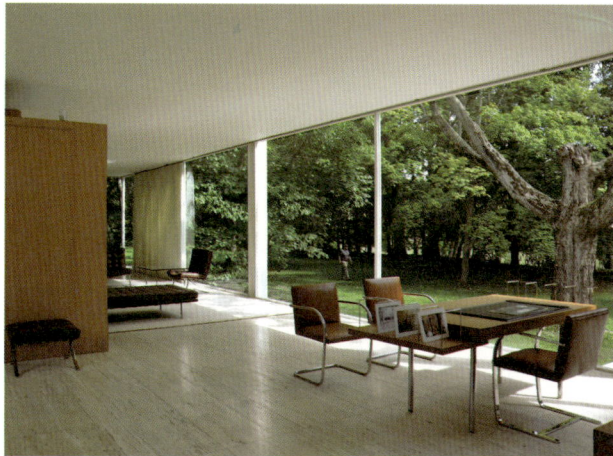

通透的玻璃墙令室内室外融为一体，绿浪如涛，仿佛置身于大自然的怀抱中

20世纪50年代的产品），将屋外开始剥落的油漆和已经出现的锈迹一一铲掉，整修如新，还在屋内安装了空调。在园艺师兰宁·罗珀（Lanning Roper）的规划下，房子的前面种上一排树，挡住了远处可见的桥梁（那里原来只是一道小木桥，但后来被改建成一座大水泥桥）。帕伦博勋爵还将自己收藏的一些现代雕塑佳作，精心地布置在周围的树丛中，从屋子里望出去，几乎都看不见，而在林中散步的时候，不期而遇的艺术精品总能给人带来额外的欢乐。

然而，他的心血几乎毁于一旦——1996年7月，当地遭遇了从未有过的暴雨袭击。虽然密斯在设计该屋的时候曾经查阅过当地的水文资料，将房屋做得比历史最高水位还要高出0.6米，然而仍不足以抵御这场8个小时内降水量380毫米的豪雨：白色的小屋浸水达1.5米之高，虽然整体结构仍然坚固，但是玻璃被河中的漂流物撞破了，家具和艺术品被冲走了，精致的室内变得一塌糊涂……

建筑师洛罕再次被请来，重新制作了修复计划，尚未动手，又遇到了1997年2月的特大洪水，小屋又一次淹没在洪水之中。

然而倔犟的帕伦博勋爵绝不肯放弃，他第三次请来了洛罕，让小屋重新恢复了密斯为它设计的面貌。同时，他还决定将这栋小屋向世人开放，令更多的人能亲眼目睹和亲身感受现代建筑经典作品的纯粹、优雅和美丽。

纯西班牙风格的家~

　　这些年来,国内地中海风格盛行,豪宅中间,号称"西班牙风格"的居然占了1/3以上的比例。其中的原因恐怕是多方面的:一来,是地中海风格的住宅比较适合夏季炎热的中国气候;二来,则是建筑立面既有异国情调的装饰,却又无需新古典类型的立面那么繁琐,红瓦白墙,立面加点瓷片镶嵌装饰,一点点铁艺栏杆和路灯架,几个陶罐就足以点缀前庭后院了,造价并不算高,效果却不错。众人于是趋之若鹜,一时竟然成了中国豪宅标准风格的主流。那些西班牙人、意大利人、希腊人、加州人要是看到了,准会惊讶不已呢!

　　做归做,要做得好、设计得地道却并不容易。比如地中海风格、加州风格这些民居建筑设计套路,是人家因地制宜经过几百年的锤炼逐渐形成的,有纹有路,放在安达卢希亚、普洛旺斯、圣芭芭拉、圣地亚哥的山区里、滨海旁,怎么看都好看耐看。我们有时候带着数码相机出国突击拍照,回国依瓢画葫芦,做出来的那些豪宅也说不上不像,也说不上像,猛一看上去像,感觉上却又不像,似是而非。其实,这类建筑是民宅,重要的不是如何精心打造,贵在随意和散漫的感觉。真正好的地中海风格是自由自在的,而不是像阿尔汉布拉宫那样精细入微的。还有一点很重要,就是材料要自然化、大众化,你到地中海沿岸看那些村落建筑,去加州沿海看那些民居住宅,红瓦白墙,地上就是普通的大块的陶地砖,墙上白垩粗粗地涂抹,室内门窗、家具,多一半不是贵重木料,就是我们说的杂木做的,并且手工也粗眉大眼的,一副大而化之的神气,好就好在一个朴素和自在。你现在去看国内红遍半边天的地中海豪宅,名头上都要缀以"××湾"之类的字样,奢侈的大理石从入门玄关一口气铺到浴室厕所,镀金水龙头,那种金碧辉煌,我看了就一个想法:这种"地中海风格"可真有中国特色,真在地中海地区可是看不到这类建筑的。

　　美国有位挺有名的女电影明星,叫做黛安娜·基顿(Diana Keaton),曾经因为197年的电影《安妮·霍尔》(Annie Hall)得过奥斯卡最佳女演员奖。作为电影从业人员,住在洛杉矶市内还是比较方便,加上她又特别喜欢西班牙建筑风格,南加州的天气

和这种风格十分相宜，因此她就一直想在比华利山附近找栋地中海风格的住宅来给自己安个家。可比华利山就那么一个小山丘，大家都喜欢这里，早就没有什么空地了，要买楼基本得买二手的。这里上市的二手楼不多，即便有也不见得是自己中意的风格，因此要等机缘。基顿早些年曾有过一次机会，但她自己没有把握好，犹豫再三，结果失之交臂，后悔了好久。近年又遇到一栋出售，就赶快买下来了。这栋房子的基本风格是设计界称为"西班牙殖民复兴风格"（Spanish Colonial Revival）的那种，也就是从墨西哥的大豪宅转化出来的一种地中海风格。买下来的时候，房子状况不好，建筑本身被前任业主弄得乱七八糟，该高的地方改低了，该低的地方改高了，空间分割得七零八碎的，室内也是毫无品位可言，艳俗得很不西班牙。基顿知道，这一买，自己的工作量会很大，因为非得大改不可，否则不出效

果，但是她因为喜欢这地点，也喜欢这栋大宅的基本风格，就还是买下了。

她还真是买对了！查查历史，这栋房子的设计师拉尔夫·佛莱维林（Ralph Fleweling），是20世纪20年代活跃在加州的一位设计西班牙豪宅的高手，他当时在威尔榭大道和圣塔莫尼卡大道交叉处设计的一座西班牙式大喷泉，现在每天都还有好多人去照相呢！基顿买的这栋大宅子，除了风格很纯粹之外，就是天花板高得很、房间大得很，而这也正是基顿最喜欢的。

基顿有个好朋友叫史蒂文·沙德利（Stephen Shadley），是位建筑师，过去曾经帮基顿设计过其他住宅。沙德利深知基顿对空间的要求，于是便帮她把大宅的空间重新组合，天花板高挑而通透，房间宽敞而朴素，做了很多架子在墙上，因为基顿喜欢在书房堆满藏书、在卧室摆满自己喜欢的帽子、在餐厅放满手工制作的陶瓷餐具。至于室内，基顿要求木家具是深色的，木地板是深色的，天花板上的原木梁桁全部保持木本色，朴素的陶砖铺地，纯粹白色的墙面，整个室内的色彩基本就是深棕色和白色对照。如果你曾去过地中海那些俯瞰蓝色大海的村落里，你就知道基顿这个感觉很纯正，很精练。家里的各种摆件、饰品，基顿都一一精心挑选，要求务必都是加利福尼亚西班牙殖民时期的作品，或者起码风格一致，椅子、大床、各种柜子、长凳、灯具、镜框、花瓶、陶瓷镶嵌，无论是风格或是色调，都要很协调。她喜欢室内采用暖色调，营造出强烈的家庭感。

所有的装饰细节（挂画、工
艺小人摆件、灯罩等）都与
住宅的整体风格非常协调

无论是建筑结构、灯具或家
具,都完整地保持着纯粹的
西班牙风格

基顿有两个小孩,分别上初中和小学,她特别希望孩子回家有家的感觉,而不是那种奢华张扬的宾馆味道。

基顿还是个孩子的时候,父母经常带她去访问加利福尼亚沿海的西班牙教堂,那些教堂被叫做mission,依山面海,红瓦白墙,质朴中透出高贵。这些教堂给她留下深刻的印象,也培养和陶冶了她对西班牙风格的品位。她特别喜欢加利福尼亚西班牙殖民风格建筑的拱券,她说西班牙风格建筑中最可爱的就是这些拱了。她在自己的这座比华利新居的立面上,把很多原来仅仅是方形的窗子改成拱券形,增加了风格的浓度。

走进这座纯粹西班牙风格的住宅,院子里芳草萋萋,壁炉里炭火正红,处处都散发出家的温馨。

好莱坞山上的现代之家 ～

外观古朴简练的壁炉，其实内里大有乾坤：不但藏起了房屋的支撑结构，还将一些功能设备隐藏在内，使室内显得格外单纯、洁净，更突出了万家灯火尽收眼底的戏剧性视觉效果

没有来美国之前，总是把好莱坞想得很大很大，因为这里是电影工业的中心。人们所说的美国电影，其实一多半都是好莱坞的电影。等来到洛杉矶，才知道真正的好莱坞并不很大，并且真正的电影工业基本都不在好莱坞，而是分布在靠近北面一点点的布尔班克（Burbank）或洛杉矶西部的菲尔南多山谷地带，好莱坞更多的只是一个历史遗迹而已。不过，再住长一点点，你会知道好莱坞还是核心：电影的剪辑、特效、道具、后期制作、灯光照明等等的技术活儿还是在好莱坞完成的，派拉蒙公司也依然有摄影厂在好莱坞。最近的统计，好莱坞这里的人口大约是16万，家庭收入水平大约是3.4万美元，在美国属于中等偏高的。

好莱坞既然是世界商业电影的中心，电影的商业运作自然会造成煽情和艳俗的风气。因此，当我们说到简朴、功能化的现代建筑的时候，好像很难和好莱坞拉上关系。可是最近在好莱坞后面的好莱坞山（Hollywood Hill）上，却看到一栋很精致的现代主义住宅，大大改变了我对好莱坞人设计艳俗的刻板看法。

这栋现代住宅是在好莱坞闯出一片天地的设计师伦道夫·杜克（Randolph Duke）的家。杜克是设计服装出身的，从纽约来洛杉矶发展，先是将一个本来已经衰败的时装品牌Halston重新打造起来，前几年又推出了自己的品牌。女明星安吉丽娜·朱丽（Angelina Jolie）在出席奥斯卡颁奖礼的时候，身穿的晚礼服就是杜克设计的。他还设计过不少电视片的服装，在好莱坞算是小有名气了。刚来洛杉矶的时候，杜克和多数新来者一样，都在好莱坞租房住。随着自己在好莱坞慢慢站稳脚跟，名声日隆，收入也水涨船高，杜克开始考虑在好莱坞买栋别墅，作为自己的居所。

说到好莱坞住宅，不得不提提这里的好莱坞山。这个小山丘就在好莱坞大道后面，既不高，又无险，单就山而言，并无出奇之处。但是因为面对好莱坞，并且从好莱坞到长滩港之间的洛杉矶市区基本上是一马平川，所以从这个小山丘上可以穿越好莱坞遥望大海，景观一流，于是这里也就成为顶级的住宅用地了。好莱坞市政府控制开发，导致这里住宅供应量极为稀缺，要在好莱坞山上建住宅，唯一的办法只能是买下旧住宅，再

室内的陈设，除了古董之外，几乎全部是由杜克、凯利夫妇和托寓一起设计的。倚墙摆放的大镜子增加了室内的空间感。无框的巨大玻璃，更制造出"无分内外"的感觉来

按自己的要求改建，或者干脆拆了之后再建。美国的城市建筑管理法规很严格，还有邻近居民的听证体制，为控制乱拆乱建提供了有力的法律手段。所以，虽然这里位于闹市中心，名流达人不少，然而经过那条弯弯曲曲的小马路上得山来，见到的只有绿树掩映的精致小住宅而已，却见不到那些夸张无度的庞然大物住宅，也少有杂乱无章的乱建乱盖。

几年前，洛杉矶艺术基金会的主席林恩·凯恩霍茨（Lyn Kienholz）曾请我去她家一聚。她的家就在好莱坞山上，我第一次去那个地方。绝对没有想到在好莱坞这样一个人口稠密、流金溢彩的地方，居然还有一个那么精致、安静的所在。入夜时分，面对万家灯火的洛杉矶大都会区，居然还能听见灌木林间野兔出没的响动，听见花草丛中蛐蛐的鸣叫，这才知道好莱坞山的精彩！

好莱坞山一带，住宅密度虽然低，但基本没有空地，能建屋的地段，差不多已经建

完了。要想在这里建自己的住宅，就得等机会——等到有人出售老旧住宅，还要得到市政府准拆的批文，才能把旧房子拆了，建造新的住宅。这种机会，当然不会多。因此，虽然好莱坞山是好地方，但是新建筑不多，现代主义风格的建筑就更加凤毛麟角。

杜克前年就开始委托经纪人帮他在好莱坞山找住宅，结果还真是给他找到一处，那是一处很残破的住宅，业主久已不住在好莱坞了，委托人出售旧屋。杜克去看了，第一眼就被这栋住宅后面一望无边的大洛杉矶景色所震慑，他说：自己连房子里面都没有看，就决心要买下来。当然，好莱坞推出的旧屋少之又少，杜克不得不经历了激烈的竞标，最后用比较高的价格买下这栋旧屋，从而开始设计和建造。

这栋屋位于山边，面对大洛杉矶，景色是无可挑剔了，但平地住宅面积仅仅是140平方米，是个简单的长方形建筑。杜克买下之后，细心地挑选建筑事务所，最后在洛杉矶选定一家叫做XTEN的建筑事务所，建筑师是名叫奥斯丁·凯利（Austin Kelly）和莫尼卡·哈菲芬格（Monika Haefelfinger）的夫妇俩，专长设计现代主义风格住宅。

杜克喜欢开阔的空间，不喜欢四周被墙壁阻隔
开来，所以他的主卧室只是用了一道金属垂帘
与房子里其他地方分割。他说："我不需要一
间封闭的房间，那不是我的生活方式。"

　　所谓现代建筑是指那类没有装饰、采用现代材料建筑的建筑物。建筑史上说这类建筑有几个共性：强调建筑材料、遵循依照建筑功能的要求来决定建筑形式的原则，形式要追随功能；主张机械美学（machine aesthetic）；反对一切装饰；努力在设计中消灭"无必要的细节"，走简约形式方向；在建筑上努力表现建筑结构。杜克自己很欣赏现代主义，因此委托凯利夫妇来设计这栋住宅。

　　凯利夫妇把这个长方形设计成两层楼，首层是起居室，悬臂式伸出去的第二层是主卧室。两层的处理，使得整栋住宅面积扩大了一倍，接近300平方米，因为伸延到了山边，因此起居室采用了高达3.3米的巨大玻璃窗，并采用无需窗框的推拉窗结构，于是创造出一个接近270度的全景观，好像巨大的宽银幕电影一样，洛杉矶大都市在窗前一览无余。为了突出外部的无敌景观，起居室家具全部采用乳白色的，整个室内设计得极为简单、纯粹、低调，中间只有一个独立的石材壁炉。室内设计师名叫托宾（Tobi Tobin），为了扩大空间感，他在室内放了好几面巨大的镜子，镜子不是固定地挂在墙上，而是放在地下，斜靠在墙上，随意、自由，而空间感觉更大，也模糊了外部和内部的空间边界。

　　建筑设计和室内设计的目的都很明确，就是要建造一个能够与室外景色融为一体的别墅。别墅完工之后，大家都很满意，特别是杜克本人。其实，从这栋别墅到他的办公室，开车下山，也就十来分钟的光景。有人问他为什么不干脆在家里上班，他说这是一栋别墅，这里的氛围是休闲的，不是工作的。因此，回到家来，他只是在这里休息。他也经常请朋友来这里看电视转播篮球赛、棒球赛和美国超级杯橄榄球赛。面对无敌洛杉矶夜景，这个别墅确实太独特了。

南加州如此明媚的阳光，不充分利用真是太
可惜了。凯利将进餐区安排在露台的边缘，
紧靠着花台，营造出一种户外生活的情趣来

室外泳池面积不大，但景观却是一流

折衷风格的天堂——收藏家的别墅生活 ~

在生活方式上，有些人喜欢精简，我年轻时认识一位音乐家，家里一点儿多余的东西都没有，干净到令人感到不舒适的地步。后来出国，看了现代建筑大师们的作品，才知道这是一种通过设计灌输的生活方式，极简主义，达到登峰造极的水平。

我第一次亲眼看到的简单到接近无以复加地步的建筑是密斯·凡德罗的一个住宅作品，在芝加哥，面对一个大得像海一样的湖，碧水蓝天，无边无际。湖边有条很漂亮的沿湖公路，叫湖边大道（Lakeshore Drive），沿大道两边都是高层公寓大楼，每家都可以看见大湖，风格从早期的新古典主义到最新的新现代主义一并俱全。其中，最不显眼，而对从事建筑的人来说最起眼的就是两栋黑色的高层公寓塔楼，那就是大师密斯·凡德罗奠定现代主义高层建筑基础的"湖边住宅"了。他在1948—1951年设计了芝加哥湖滨路860～880两栋公寓（860～880, the Lake Shore Drive Apartments, Chicago），成为全世界现代主义风格住宅的开端。这两座建筑，相互形成曲尺状相交，黑色钢铁和玻璃幕墙结构，并且采用非常工业化的工字钢来强调工业感，结构暴露，简单到无以复加的地步。这个建筑体现了密斯对于极减主义和高度工业化语汇的立场，这个立场在他到美国之后，更加强化起来。这两栋建筑同时也奠定了以后国际主义风格高层建筑经常采用的"双塔"模式。密斯的这个作品立即在美国产生了影响，SOM建筑设计事务所仿效它，设计了一系列在风格和手法上都非常接近的高层建筑，形成了潮流。住在这样的建筑里面，你都不好意思把杂七杂八的东西带回家。我去拜访过一个住在里面的朋友，他在洛杉矶的时候家里各种玩意儿和书籍堆积如山，到了"湖边住宅"，家里干净得我都难以想象，可见设计的力量有多大了。

不过，这仅仅是少数人——通常是有比较复杂的高等教育背景的人的方式，大部分人还是喜欢在家里摆放许多自己喜欢的东西，也喜欢家里的室内设计奢华一点。虽然现代人会说这是"艳俗"、"没有品位"，但是从我见过的几位收藏家的别墅来看，他们还是的确很享受这种生活环境的。

纽约曼哈顿的上东城是人们津津乐道的高尚住宅区，在纽约58街以北，第五大道

一对原产自威尼斯的铸铁落地灯拱卫着墙上挂着的藏品——一幅阿曼迪奥·莫迪里阿尼的肖像画。下面陈列着法国路易十五时期的丝绒家具。别墅里每一个角落都是一个精心设置的展示点

以东，极尽奢华的地方。然而，位置相仿，和上东城隔着中央公园遥相对望的另一边——上西城，却很少会被人们提及，为什么呢？因为那里靠近纽约最大、最古老的黑人区哈莱姆，穷人多，犯罪率高，即便隔壁就是大名鼎鼎的哥伦比亚大学，富豪们还是避之唯恐不及！其实，这里的建筑大多是纽约黄金时代建造的，质量好得很，就是没有多大信心敢住下而已。

最近有位纽约重要的收藏家居然在那里建造了自己的收藏别墅，当然就成为令人注目的新闻了。因为自己的收藏实在价值连城，收藏家不愿意暴露真实的姓名，所以，我们在这里也只能称之为"收藏家"了。这是一对夫妇，他们收藏的历代艺术品装满了六个大仓库，数量多，而且非常珍贵，他们的藏品集中在20世纪初期的现代艺术和"装饰艺术"风格（Art Deco）的设计作品。藏品太多了，自己都难得有机会欣赏，更遑谈和朋友一起鉴赏、分享，因此动了心要做一个城中的大别墅，把里面设计成为一流的展示空间，主要是作为自己的艺术博物馆，同时可居家，又是举办Party的场所，功能多样，也是这对夫妇对自己别墅生活的另类要求了。

朋友介绍他们在上西城买下一栋宏大、精致的新古典建筑，设计师是19世纪末叶鼎鼎有名的新古典主义建筑大师吉尔博特（C.P.H.Gilbert）。建筑外立面美轮美奂，属于建筑界称为"学院风格"（Beaux Art，也有称之为"新古典"）的那种，是19世纪末期纽约出现的最杰出的建筑之一了。但是这栋建筑荒废多年，需要下大力气才能够让它重焕光彩。于是，俩夫妇就委托建筑师、室内设计师、工程师等专业人士进行设计和修

复，希望能够令这栋古典大楼重获新生。女收藏家说，我希望这栋楼在修复好了之后"自己会唱歌"。

主持设计的是纽约的设计师萨姆尔·波特诺（Samuel Botero）。波特诺很注意他们夫妇的收藏品，因为他知道这栋别墅改造的主要目的是陈设夫妇两人的收藏，因此建筑内部的风格与收藏品的风格应该有相通的地方。他留意到主人的收藏品以世纪之初的"装饰艺术"风格和现代艺术类的作品为主，因此决定从世纪之初的折衷风格、Art Deco风格出发，营造一种特殊的艺术氛围，来烘托这些珍贵的艺术收藏。

这栋豪宅很大，靠近街口的位置是一个六层高的塔楼，三面都有采光，不但光线充足，并且窗外还有浓密的树荫，是很理想的展示位置。纽约当年的建筑，都喜欢在朝街的方向设计一个突出的飘台，英语中称之为bay，是一个突出在建筑立面外、三面采光的结构，供人们在那里休息、看书，或者看街景。这种结构现在不多见了，但是在旧建筑上依然常可看到，这栋豪宅就有这样的bay。

说起别墅内的餐室，设计师波特诺说"那真是一个非常杰出的空间"。他将设计的焦点放在哈特·本顿的三张原作上，房间的色调、陈设方式都围绕这三张画来进行，所采用的原装法国帝国风格餐椅是从法国银行收购来的

这是餐室外一个比较正式的会客小空间，天顶是用新艺术风格的嵌花玻璃来装饰的，墙上挂着弗兰克·斯提拉的作品

对波特诺来说，这个设计工作并不容易，因为一般的室内设计，是先设计，再放入家具；而这个设计，是取决于放置在室内的收藏品、绘画、古董家具等文物的内容，调适好它们的具体摆放位置，再环绕它们进行设计。也就是说，藏品优先，室内是为烘托收藏品设计的。包括光线设计，也主要是为收藏品照明的。除此以外，波特诺还有一个自己的想法：他希望完成的不仅仅是一个别墅式的家庭博物馆，同时还能通过设计来讲述这栋楼和楼主人自身的故事。

这对收藏家夫妇的确有自己的传奇故事，夫人早年曾经在纽约附近的纽泽西见到过一栋1885年建造的极为精美的维多利亚住宅，当她看见这栋有点荒废、但是精美绝伦的原装维多利亚建筑时，简直有点目瞪口呆了，她立刻买了下来，花了好几天时间仔细地观察、欣赏这栋维多利亚住宅的精美之处。她和丈夫结婚后，两个人都对古典艺术品有极高的兴趣，也都出身殷富，因而开始了自己的收藏生涯。最初主要收藏维多利亚风格，后来转向帝国风格（Empire Style，法国拿破仑第三时期的风格），德国新古典主义的彼得迈耶风格（Biedermeier），埃及复兴风格（主要是家具）。他们收集绘画，更多是家具、用品、产品、装饰品，也就是从艺术品到设计都收藏；后来，他们的兴趣转移到更加现代的东西上去了，包括新艺术运动（Art Nouveau）、装饰艺术（Art Deco），对布加迪

由于主人的收藏中还有不少是现代主义设计和艺术的重要作品，波特诺在设计家庭视听室的时候，特别用古典和现代的强烈对比来突出这些体量不算很大的现代藏品。壁炉边红色的扶手椅及踏脚是由罗尔曼设计的

主卧室里的壁炉，不但是房间内的视觉中心，同时也为整个房间内的设计定下了基调

（Bugatti）、罗尔曼（Ruhlmann）、蒂芙尼（Tiffany）这些20世纪初期的奢侈产品都喜欢得很；最后他们又开始把兴趣转移到绘画上面，收藏的作品包括了哈特·本顿(Hart Benton)、弗兰克·斯提拉（Frank Stella）、堪尼士·诺兰德（Kenneth Noland）、村上隆（Takashi Murakami）等人的作品。波特诺在仔细了解了夫妇俩的这些藏品之后，很直观地说：这些作品、这些收藏品中有一种很强烈的东方主义色彩，这种东方主义色彩贯穿在这对收藏家夫妇的所有藏品里。因此，波特诺就为室内设计定下一个走中东的东方色彩的方向，在设计中努力营造一个具有东方色彩的环境，来烘托这些作品。

他首先从设计中庭内的楼梯部分着手，墙壁的色彩用米色、粉绿色、黄色，楼梯上地毯的色彩和图案也不断变化，每一层入口处的地毯都不同，使得每一层都有自己独特的氛围。

第一层房间很大、很深，波特诺设计了一个略微高起来的平台，好像舞台一样，四就连衣帽间也是一间艺术藏品陈列室——
中间的吊灯产自俄国，灯下的小柜是由托
特罗设计的

周的装饰包括法国19世纪的大宫廷烛台，艾德加·布兰特（Edgar Brandt）的圆桌，艾丽·那德尔曼（Elie Nadelman）的雕塑，莫迪里阿尼（Modigliani）的雕塑肖像……按不同时期的作品顺序展示，好像一个个时代在舞台上演进一样，引人入胜。这一层还安装了收藏家收藏的La Farge彩色玻璃窗作为装饰，壁炉则是雅各宾时代的。

　　在餐厅里，波特诺设计了一个墨绿和金色的环境，来烘托出哈特·本顿的三张很大的油画，这个餐厅又被他称做"陶瓷间"，除了墙上挂的油画之外，他在这里展示了提凡尼的好多精美的陶瓷。在起居室的设计上，他则采用了Art Deco的风格，包括彩色玻璃镶嵌的屏风、天花板，并挂了一张Stella在20世纪70年代后期创作的油画。主卧室是Art Nouveau风格的，基本上以19世纪80年代前后的作品为中心，家具、用品、摆设、挂画、雕塑等等，均是那个时期、那个风格的，很统一，氛围也很到位。而顶层是看画的地方，设计得完全像个画廊，琳琅满目，美不胜收。如此这般，六层楼的设计变化多端，丰

由于这栋别墅的一大功能是招待朋友们来
欣赏和分享主人的藏品，所以在一楼大厅
里除了在墙上挂了不少主人收藏的名画之
外，室内的不少家具、陈设，也是收藏的
珍品。"因为这里是向客人介绍这栋房子
的主要地方"，设计师如是说

富无比。

　　常有人好奇：外国人在别墅里是怎么过日子的啊？借这个例子我想说的是：第一
是，别墅，"别"的居所，不是主居所，因此往往有特殊的功能和条件，这里提到的纽约
曼哈顿上西城的别墅大宅，事实上是一个收藏的博物馆和仓库，是给他们自己欣赏自
己的收藏品、接待客人的地方，因此，是不是需要我们习惯说的"豪宅"的功能，倒未必
很重要了。第二，别墅的功能应该和主住宅的功能是互补的，这对收藏家夫妇并不经常
住在这个别墅，这套六层楼的大宅子里，事实上也不具备家庭住房的某些内容和设备，
但作为别墅，却已是足够的了。

从六楼的天台望出去，可以看到一个人们
不太容易见到的纽约

民居乾坤 ~

　　江南江南，长江之南，人们提到江南，往往是指江苏、浙江一带，特别是太湖流域（也有时会推广到安徽、江西和东南沿海地区）。这里江湖纵横，地多丘陵，是著名的鱼米桑蚕之乡。依山倚水，物阜民丰，千年的财富和文化积淀，形成了一派独立的住宅和城镇风格。园林住宅之精致，举世闻名，民居的讲究，也是中国之最了。

　　而苏州民居，则是人们常说的"江南民居"中最具有代表性的。

　　中国传统住宅，受地理形态、气候形态、宗族形态影响，基本为方正、围合形式。江南民居也如此。布局上，与北方四合院相似，但紧凑得多，巧用地形，临水依山，中轴对称。住宅的大门多开在中轴线上，迎面正房为大厅，后院内常建两层楼房，与北方的平房不同。四面房屋相互联属，屋面搭接，紧紧包围着中间的小院落。因檐高院小，形似井口，故又称之为天井，其实就是方形围合的房屋中间的庭院。天井是内部敞开的空间，做四面房屋的采光和通风用，也是家人活动的核心。因为四面房屋屋顶上的雨水都流入天井，因此，当地人也叫这种结构的房屋为"四水归堂"。正式的称谓，自然还是叫"厅

窄窄的小木门，湿湿的青砖
路，苏州总让人怦然心动

井式"住宅。

　　厅井式住宅，是庭院类型民居中的一大类，前面有敞口厅，还有小天井。江南居所的天井内一般皆有地面铺装及排水渠道，每幢住屋前皆有宽大的前廊或屋檐，以便雨天时串通行走。同时一部分住屋做成敞口厅等半室外空间，与天井共同作为生活使用空间。其结构多用穿斗式构架。这种形式民居在湿热的夏季可以产生凉爽的对流风，改善小气候；同时有较多的室外、半室外空间来安排各项生活及生产活动，敞厅成为日常活动中心，而不受雨季的影响。在江浙水乡，尤其在细雨霏霏的黄梅季节，左邻右舍的女辈聚在厅中，一边剥毛豆，一边谈家常，是常见的风情画。

　　几年前我去过浙江嘉善附近的古镇西塘，那是一个很典型的濒水江南民居小镇。几乎大部分住宅都是濒水的这种四水归堂结构，坐在二楼的酒店里，喝陈年的黄酒，吃毛蟹、蚕豆。冬天的阳光暖洋洋的，晒得人很懒散。毛蟹就放在竹笼里面，用麻绳吊到临水窗外的河里，要吃的时候，就把绳子拉起来，一笼毛蟹，要吃多少拿多少。那次好像是2000年，西塘还不太为外面知道，我们6个人吃了一堆毛蟹，也就是外面叫的"大闸蟹"，黄酒喝了几壶，到结账的时候也就几百块钱。那种物美价廉的日子，估计是永远不再了。

　　苏州和江南其他的这类民居，是以"间"作为基本单元的。房间开间多以奇数，一般是3间或者5间，每间面宽3~4米，进深则是五檩到九檩，所谓"檩"，是1~1.5米的尺寸。多座单体建筑之间以廊连接，和院墙一起，围合成封闭式的院落。不过

为了通风，多在墙上开"漏窗"，房间也开后窗，一来是采光好一点， 另外也便于"借景"，是增加空间感的习惯做法。建筑尽量适应地形，充分利用空间，所谓"咫尺之内见乾坤"，其实就是苏州民居、园林巧用空间的写照。因此建筑布局灵活多变，造型自然美观，材料也合理，不但建筑单体、园林单体，就是整个苏州城都是这样合理。建筑上看，砖木结构为主，多用穿斗式木结构，不用梁，而往往以柱子直接承檩。外围用比较薄的空斗墙，或者干脆用竹片抹灰墙，墙面多粉刷白色，屋顶结构也显然比北方的结构要薄。墙的底部常砌石片，室内厅堂内部随着使用目的的不同，用传统的罩、木槅扇、屏门等自由分隔。梁架仅仅加以少量精致雕刻，涂上栗色、褐色、灰色等色彩，不施彩绘。房屋外部的木结构用褐、黑、墨绿等色彩，加上白墙、灰瓦相呼应，色彩雅致明净，与外部自然环境配合，形成典型的江南水乡景色。虽然周遭的西塘、周庄、甪直、朱家角、同里这些村镇名气日盛，但论及城市的总体面貌，仍当数苏州独占鳌头。

在墙上加开漏窗以借景，是
江南民宅建筑中的常用手法

　　苏州的民居，是由数进院子组成的中轴对称式的狭长住宅所构成的，在轴线上依次布置有门厅、轿厅、过厅、大厅、女厅（又称上房）等。大厅是宴客团聚之处，上房多做成"门"字形两层楼房，为家眷的卧房。苏州民居大部分不设厢房，前后房屋间的联系是靠沿着两侧山墙附设的避弄（廊屋）来连通。主要天井内皆设立一座雕饰华丽的砖门楼，以显示房主的财富。富商大户的住宅多附设一座精美的花园，我们说花园住宅，苏州最典型，按照功能来说，花园是依附于住宅的。

　　苏州民居单体构筑精致，黑白灰为主色调，极为典雅，建筑相连，天井重重，空间序列富有变化，堪称江南民居之最。

　　苏州那种灰色和白色，不仅仅是色调的协调，也是一种心理的协调。日本有些现代建筑师推崇日本茶道宗师千利修喜欢的灰色，称之为"利修灰"，其实苏州这里的灰色更加沉稳，更加凝重，何不称之为"苏州灰"呢？

大户人家的院内，多数有间相当通敞的厅房

苏州城里最经典的民居群是划为"平江历史街区"的这一部分。这里连片的民居建筑，集中体现了苏州民居的格局。那里一排排高低错落的枕河民居，一座座粉墙黛瓦的庭院，一条条依河临水的幽静街巷，斑驳的围墙内庇荫着不少深宅大院。这些规模宏大、装饰精美、布局严谨的住宅花园，有的原系官僚富商宅第，有的曾是文化名人故居，各有千秋，各具特色。其中最有代表性的当数闻名的"富"、"贵"潘氏两宅。到苏州，找本旅游书看看，都会讲到这两个豪门的住宅。

江南的园林住宅中有着许许多多的浪漫故事，这与建筑营造的气氛有很密切的关系。这里出了好多著名的文化人，也是富裕的经济和独特的建筑氛围所促成的。因此，讲苏州的民居和园林，就不能不讲讲苏州的人文了。

小小的天井在江南民居中具有很重要的作用，既为各房提供了采光和通风，又是家人相聚交融的场所

Daniel Libeskind's
the Alberstadt.

无语建筑 ~

　　德国东部有条宁静的河流，叫做易北河（Elbe）。这条河主要位于原民主德国境内，向北流去，穿越一个个的城镇，最后在汉堡附近流入波罗的海。

　　1993年的春天，我因公出差去德国，与主管学术研究和理论课程的副院长理查·赫兹去柏林，对几位1994年"富布莱特研究基金"艺术类的申请者进行面试，从中挑选合格者来美国做访问学者。那一次给我们的时间比较富裕，而事实上面试工作在柏林几天就可以做完，于是我们先去巴黎，看了几个展览，而后我自己又坐火车去了慕尼黑，去看德国的BMW汽车公司设计部，因为有几个我在美国教过的学生在那里工作。又顺道参观了巴伐利亚电影制片厂，之后再去德累斯顿，看博物馆和探望朋友。这样，我居然发现自己在一个秋天的上午，在冷飕飕的秋风中，散步在易北河畔。

　　河边是一片开阔平坦的草场，站在宽广的草场上，看见高高的河岸上德累斯顿古城的轮廓，真是精美。不过，我所看到的"古城"，其实是重建的德累斯顿城，因为真正的古城在第二次世界大战中给盟军彻底炸毁了。看着那清清的河水，望着河对面那些宁静的村舍，眼前这片芳草萋萋的河边草场，这条波澜不兴的易北河，让我涌起了一股很混杂的感觉。第二次世界大战结束的时候，苏联红军和英美联军就是在这里会师的。我们这一代人是在冷战的氛围下成长起来的，因此，心底一直对苏联和美国的和好有一种向往，而1944年、1945年正是这两个国家联手打击德国纳粹的时候，任何两国交好的事情都很能够勾引起我们的热情。20世纪60年代，我在一个苏联的画展上看过一套苏联版画家创作的麻胶版画，每张大小大概1平方米，约莫是六七张一套的样子。其中一张叫做《易北河边》，表现的是苏军和美军会师易北河，士兵们在易北河里各自清洗自己的坦克车，他们赤裸着上身，有些在抽香烟，有些用水桶给坦克浇水，人人都笑逐颜开。战争结束了，和平即将到来，士兵们即将踏上回家的归途，画面上阳光下的易北河特别安详，那种气氛、人物的表情都给我留下极深刻的印象。因为是战后和平的象征，我也就记住了易北河。

　　在易北河南面河岸边的山坡上，有一个曾是德累斯顿最古老的历史区，德文叫做

巨大的V型构架，像是一道
深刻的斧劈痕迹

the Albertstadt。这里有德累斯顿最精彩的历史建筑，大教堂、歌剧院、博物馆。奇怪的是这里曾经也有好多军用建筑。不过，回顾一下历史，1870年普法战争之后，德累斯顿卫戍区曾是全德国第三大军区，因此这里有很多军队的建筑也就很自然了。Albertstadt有一座军事学院，有一个军火库，那个军火库可不像个装军火的地方，倒像个博物馆。这是一个新古典主义的建筑，两翼舒展，立面是古典柱式，简朴而精致，完全没有军事威慑的感觉，屹立在山坡上，俯瞰着有平静的易北河穿流的德累斯顿市区。河流上好多条新古典风格的桥梁，好像易北河的腰带一样。站在这里，看着易北河蜿蜒北去，倒没有军事禁区的森严感觉，反倒是觉得很宁静、很平和。估计当时的德国人也这么看，感觉做军火库太浪费了，因此从1897年起，就把这个新古典主义的军火库改造成军事博物馆了。德累斯顿是德国文化、历史最深厚的城市，博物馆、歌剧院众多，在这里将

新古典主义风格的德累斯顿老军火库，外表
看上去怎么都不像个堆放军火弹药的地方

军火库改成博物馆，确实很符合城市的性格。不过，这个博物馆既然是军队的，因此也就具有很强烈的宣传内容。纳粹时期，这里更成了纳粹政府国防部（Wehrmacht）的宣传窗口，用来展示纳粹军队的"赫赫战功"。战后，德国分成了联邦德国和民主德国，德累斯顿属于民主德国，这里就成了民主德国国防部的军事博物馆，在这里展出的是苏联坦克和潜艇。两德统一之后，联邦德国国防部（the Bundeswehr）把这个军事博物馆关闭了。直到2001年，才有人提出一个议案：将这座老军火库、军事博物馆的建筑，改建成一个巨大的德国军事博物馆，用来展览德国军事的整个历史。因为原来的博物馆不够大，因此提议扩建，形成新的博物馆。政府公开招标，方案就陆续出来了。

我看到的入选的新设计方案是2004年通过的，建筑师是丹尼尔·李伯斯金（Daniel Liberskind）。他因为1999年设计柏林犹太博物馆（the Jewish Museum Berlin）而出名，在纽约世界贸易中心废墟上重建项目的设计竞赛胜出，在旧金山设计了当地的犹太博物馆，在多

伦多设计了皇家安大略博物馆，在奥斯陆设计了挪威国家大剧院。这个人喜欢音乐，因此也设计过好几部歌剧的布景。他的建筑都有强烈的抽象形式感，并且也都用这种抽象的形式压倒周边的景观和城市原来的人文积淀。他设计的德累斯顿军事博物馆，是在原来的这个相当理性、低调的19世纪的新古典主义建筑上面，加上一个用金属和玻璃结构的巨大V形构造，把整栋建筑"劈开"，那种"开膛"式的设计构思让我看得有些目瞪口呆。想起他设计的柏林犹太博物馆，好像是曲折闪电、鞭子抽打、砍刀刺劈，去参观那个博物馆的整个感受是在接受沉痛教训、感官折磨，他的思路应该说是清晰的。

这个设计采用如此强势的风格，绝对不是偶然的，这是李伯斯金有意而为的。他的目的是要用鞭打的方式给德国军国主义的历史留下沉痛的痕迹。站在易北河边远远望去，感觉这个巨大的V形构架就是原有的古典建筑遭到砍劈的痕迹。我看过设计的模型，就是一把V形的斧头砍下去，并且是面对整个德累斯顿城的一刀，深仇大恨在一刀啊！

德累斯顿是德国历史上排犹最严重的城市，也难怪身为犹太人的李伯斯金会如此

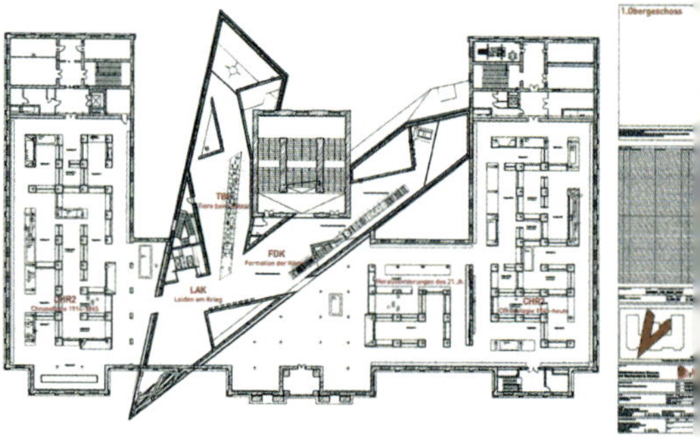

德国军事博物馆改建工程设计平面图

德累斯顿曾是德国第三大军区，
这是1910年德军在该城最古老
的Albertstadt区阅兵的老照片

设计。据说1938年战争爆发前，德累斯顿有6000
多犹太人，到1945年德国投降的时候，这里的
犹太人只剩下198个，其他的全送到奥斯威辛这
些集中营被折磨死了。李伯斯金这样强烈的设计
感，的确事出有因。我曾经在柏林和李伯斯金一
家人吃过晚饭，聪明漂亮的夫人，3个很精彩的儿
子，是个很传统、很和睦的犹太人家庭。夫妇两
人都在美国长大，英语都讲得很好，那天晚上谈
了很多有关他设计的概念。过去，他曾在巴黎的
蓬皮杜艺术中心项目竞标中获得总分第二，但项
目没有到手，一直有些不服气，但是也很有决心
要继续努力。他是波兰的犹太人，德国人在"二
战"开始前排犹，波兰首当其冲，他父母在欧洲
待不下去，于是移民到了美国，李伯斯金是在美
国出生和长大的，之后回到德国工作。他开始是

从事建筑理论研究，后来从事建筑设计，这类有理论背景的设计师具有强烈的意识形态色彩，是很普遍的。我在德国见到他的时候，他还没有获得什么重要的项目，但是已经有这样让我隐隐约约感觉要爆发的情绪。后来，柏林犹太博物馆建成，我去参观的时候，马上就记起那天晚上他的闪烁的眼光，他讲话温文尔雅、平稳低调，但是有明确的偏犟意志。

那年在德累斯顿，我曾走上过Albertstadt山头，当时那所由旧军火库改造而成的博物馆已经关闭了，周围没有什么人。树木森森，河水静静，建筑上面留下了岁月的痕迹，在碎石铺的小路上走走，脚下咯咯作响，看看远处的山脉河流，心里好宁静，心想：这座建筑就这样放着最好！权且作为德意志一段历史的见证吧！后来听说要改造、要扩建，我见过的德国人基本都不喜欢李伯斯金的这个设计。但是他们都很客气地、很委婉地表达这个意见，并没有谩骂。真的，战后的德国人完全变了，他们不谈战争，不喜欢战争，不讲军事，据说如果哪个德国城市的社区里有个现役军人神气活现的，就会有邻居去劝告他：不要在社区穿军装，免得大家看着不愉快。这个德累斯顿军火库博物馆的新设计，大家不喜欢，但是既然国防部和联邦政府选中了，大家也就不再说什么了。

德国人不喜欢新设计，德累斯顿人更不喜欢新设计，其实一点儿也不奇怪。我们知

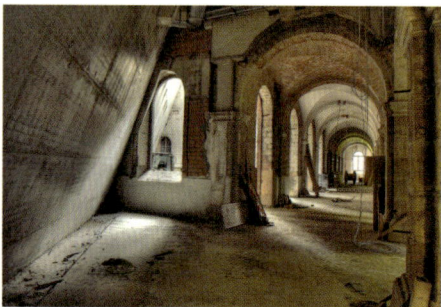

老军火库的室内——迷宫似的结构

道德累斯顿的德国人经历过什么吗? 可能很少, 因为他们不说, 也没有什么场合可说。他们可是见过末日的人呢! 1945年2月13日, 796架英国皇家空军的大型Lancaster轰炸机, 用Z形编队飞临德累斯顿上空, 对城市倾倒下 2600吨高爆炸力的炸弹和燃烧弹, 33平方公里的Albertstadt这个最古老的市区顿时陷入一片火海。14日, 431架美国空军的大型B-17轰炸机再次飞临上空, 投下799吨炸弹和燃烧弹, 整座古城完全被撕裂, 熊熊大火一直燃烧了几天之久。到15日早上, 这座在易北河边屹立了几百年的最富德意志巴洛克色彩的城市的天际线完全消失了, 那座精美绝伦的18世纪直接受威尼斯的圣玛丽亚大教堂设计的影响而建造的the Frauenkirche 大教堂被完全炸毁, 几万平民丧生。而当时德累斯顿事实上没有什么军人, 大部分居民是刚刚从东线逃过来的德国难民。轰炸之后没过多久, 5月份, 德国就战败投降了, 苏军占领了德累斯顿, 在整个民主德国时期, 这里都有庞大的苏联驻军, 直到1989年两德统一, 苏军才撤出德国。

在第二次世界大战期间, 无论是盟军方面, 还是轴心国方面, 都采用了对平民目标大规模轰炸、屠杀作为威慑手段。我们记得德国轰炸英国的伦敦、考文垂，苏联的斯大林格勒，并围困列宁格勒，日本对南京的大屠杀、重庆的大轰炸；也会记得盟军方面的同样对平民目标的报复行动，美国在广岛、长崎使用了原子弹就是一个例子。德累斯顿其实也是这样一个用平民目标、历史文化目标作为威慑性报复的典型例子。

　　这大概就是为什么丹尼尔·李伯斯金的这个具有强烈解构主义色彩的设计不受德国人、德累斯顿民众欢迎的原因，说不出口的痛，新的德累斯顿的军事博物馆也就成了一个无语建筑了。地标性建筑多半如此，有难隐苦痛，张扬的表面下面，有好多好多难与外人道的故事呢！

德累斯顿的德国军事博物馆改建工程竣工典礼，前排手持蓝色安全帽者便是建筑师丹尼尔·李伯斯金

陌殺哪里？ 习量工 2010.5.21

高在哪里？～

　　世界上最高的建筑物我去过几个，20世纪30年代建成的纽约帝国大厦和克莱斯勒大厦、在"9·11"事件中被炸毁的纽约世界贸易中心、芝加哥的希尔斯中心、马来西亚的双子塔、上海的金茂大楼、台北的101大楼。这些建筑物都在400～500米之间，而迪拜刚刚完成的哈利法塔则突破了800米的高度，绝对是一个物理意义上的震撼。不过从心理层面来说，在顶层上的感觉，则每每差别很大，在纽约大楼上，看到的是森林般的摩天楼群，在芝加哥大楼上看到的是浩瀚的大湖，在马来西亚的双子塔上看到的是绿色的油棕林，在台北和上海高层上看到的是密集的城市，而在迪拜的大楼上，看到的是很有点怪异的巨大的沙漠。

　　2010年1月4日晚上8点，世界上

建造在沙漠中的哈利法塔，令人想起了海市蜃楼

目前最高的建筑物"哈利法塔"举行落成启用典礼，阿拉伯联合酋长国的元首在仪式上把原来叫做"迪拜塔"的这座摩天大楼重新命名为哈利法塔（Burj Khalifa，英语中叫做Khalifa Tower）。这座摩天楼的确高：160层，总高828米，比台北的摩天楼"101"足足高出320米。哈利法塔由美国SOM公司的建筑师阿德里安·史密斯（Adrian Smith）负责领导设计，韩国三星公司负责实施。具体参加建设的是江苏南通六建集团、三星工程公司、BESIX公司和Arabtec公司四方。具体参加工作的工人中，印度人就超过4000人，这座高楼是名副其实的国际项目。哈利法塔从2004年9月21日开始动工，2010年1月落成。这座超高层建筑在设计上采用了一种具有挑战性的单式结构，由连为一体的管状多塔组成，具有太空时代风格的外形，基座周围采用了富有伊斯兰建筑风格的几何图形——六瓣的沙漠之花。哈利法塔加上周边的配套项目，总投资超过70亿美元。哈利法塔37层以下是一家酒店，45层至108层则作为公寓。第123层是一个观景台，站在上面可俯瞰整个迪拜市。建筑内有1000套豪华公寓，整栋大楼预期能容纳1.2万人工作和生活。由于塔楼的户外几乎什么都没有，因此发展商希望将塔塑造成"自给自足"的群体，让住户足不出塔，一切生活需要均可在塔内解决。餐厅建在122层，吃饭的时候可以从海拔440米高度俯瞰沙漠。123层的高层大堂设有健身室和室内泳池，还有一个露天泳池。这个塔的周边的配套项目包括：龙城、迪拜MALL以及配套的酒店、住宅、公寓、商务中心等项目。

为配合哈利法塔的惊人建筑数据，启用典礼上动用大量特别效果，包括868盏大型闪光灯以及最少50种全计算机控制的激光音响效果。典礼3大主题表演包括"从沙漠之花到迪拜塔"、"心跳时刻"和"从迪拜、阿联酋走向世界"，最后以1万多组大型烟花表演作为结束。塔旁的迪拜喷泉喷到275米的高度，打破了喷水的世界最高纪录。启用典礼整个过程由当地媒体做全球高清直播，有400多家全球媒体参与报道，全球20亿观众收看。我当时在学校里上课，下课之后才去看转播的，观看的时候思想很有些混乱：迪拜的泡沫正在破碎中，阿拉伯联合酋长国的其他国家紧急援救濒于破产的房地产项目投资，以避免迪拜整个倒下。这个启用仪式的张扬，建筑的炫耀，和经济情况形成如此尖锐的对比，我实在很感困惑，不知道这两者如何能够放在一起来看。

100多年前，美国已经开始在纽约和芝加哥兴建超高层的摩天大楼。帝国大厦完成于1931年、克莱斯勒大厦完成于1930年。"二战"后的技术条件更加完善，山崎实（Minoru Yamasaki）完成了纽约的世界贸易中心双塔，之后是芝加哥的希尔斯塔落成。摩天大楼作为一个国家、城市的实力标志，开始越出美国国境，马来西亚建成了石油公司的双子塔（Petronas），台湾建成了101大楼，上海建成了环球金融中心大楼，具体的建筑高度大家也很清楚，比如纽约的帝国大厦是381米、上海的金茂大厦是421米、芝加哥的希尔斯大厦是442米，马来西亚吉隆坡的双子塔是452米，上海环球金融中心大楼是492米，而这个哈利法塔居然一下子跳到828米，无疑是摩天楼中的跳高冠军。

"攀高"成了地标性建筑的一个热点，迪拜的哈利法塔成了这波攀比潮的新科冠军。不过，我想大家自然心中有数：高度只是一种物理的胜利，至于未来在经营上这座塔能否有效益，还完全是一个未知数。

不过无论如何，摩天大楼的设计对于建筑师来说，总是非常有挑战性，也非常有吸引力的，我们熟悉的不少设计大师都曾经参与过摩天大楼的设计。密斯设计了纽约的西格莱姆大厦，菲利普·约翰逊设计了纽约的AT&A大楼，诺尔曼·福斯特设计了香港汇丰银行大楼，贝聿铭设计了香港的中国银行大厦，马来西亚的双子塔是西萨·佩利的作品，上海金茂大厦则是芝加哥的SOM设计的。就连以设计"流水别墅"著称的弗兰克·赖特，也曾设计过计划建造在芝加哥市中心的一座超高层的大楼，设计高度为1609米，520层。虽然没有建成，但这个尝试，也证明了摩天大楼在现代建筑师们的心中一直是热情如火，经久不衰！

为什么迪拜要建摩天楼呢？是土地不够用吗？肯定不是的，你搭乘高速电梯到哈利法塔123层上向四面看去，全是蛮荒的沙漠，好像在火星表面一样。那片土地，经年无雨，没有河流，整个儿就是沙漠，长年气温总在40摄氏度以上。在迪拜城内走走，很难

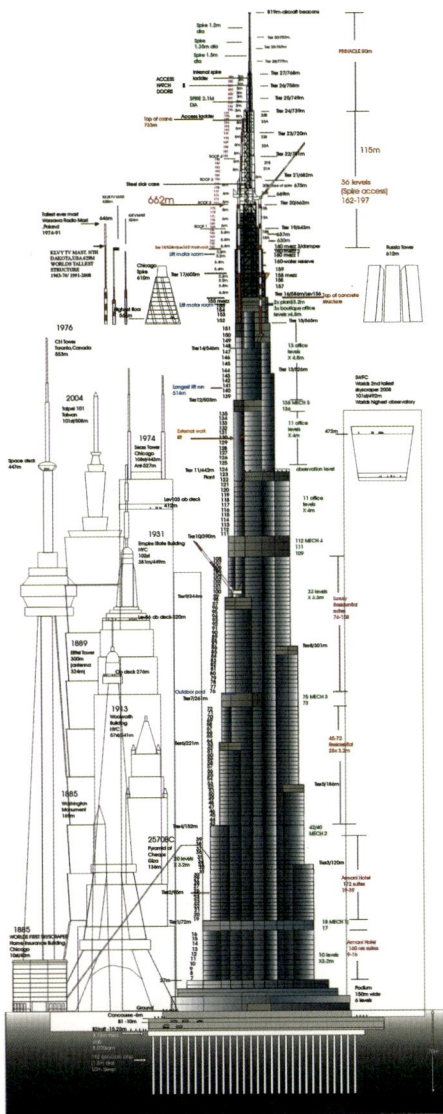

哈利法塔的相关数据资料

超高的豪塔，巨大的喷泉，
打造出一个超现实的幻境

见到几个迪拜人，迪拜全国目前有226万的人口，大部分人都不从事体力劳动的工作。这里从事建筑、服务工作的人，90％都是外来的民工。迪拜大部分领土是沙漠，覆盖了超过90％的土地，建这个高塔是一系列"豪赌"中的重要一步，除了那些豪华的超级大酒店外，户外就是一个无人地带。名胜古迹？没有！历史遗址？没有！自然景色？没有！来看什么？酒店。这座塔，其实就是一个力图将所有旅游应该具有的功能统统一体化套进去的大地标。

哈利法塔自2004年起兴建，其承建商Emaar集团一直都神秘兮兮的，虽然媒体一直在追踪细节，但是承建商却从来没有透露任何建筑计划。直到开幕的时候世人才知道一些相关细节，也才了解这座建筑究竟创下了哪些纪录。根据高层建筑暨都市集居委员会（CTBUH）的国际准则，无论是建筑物结构高度、顶层地面高度、楼顶高度，还是包括天线或旗杆之类的高度，竣工后的哈利法塔都可谓举世无双。大厦那么高，当然需要先进的运输设备。大厦内设有56部升降机，速度最高达每秒17.4米，另外还有双层的观光升降机，每次最多可载42人。哈利法塔也为建筑科技掀开新的一页。为保证超高建筑物的稳固，哈利法塔所用的建筑物料和设备也"分量十足"。目前大厦已动用了超过31万立方米的强化混凝土及6.2万吨的强化钢筋，而且还史无前例地把混凝土垂直泵上460米的地方，打破了台北101大厦建造时的448米纪录。

哈利法塔和整个迪拜那些体量庞大的怪异建筑的背后操盘手，自然是阿拉伯联合酋长国的政府。阿联酋的几个国家除了石油出产之外可以说是一无所有，而迪拜则连石油也不多。为什么要造这么一个"奇迹迪拜"呢？目的之一是集聚以石油为中心而扩展出来的国际贸易和金融核心，之二是无中生有地人造一个沙漠中的"奇迹"来打造旅游业。其方式说起来也很简单：迪拜政府给予最适合国际投资的政策和法令，阿联酋其他出油的国家集中投资，请全世界最强势的建筑师设计最大体量、最高、最奇异的建筑群，创造以尖端人群为市场的房地产开发项目，包括人造岛、人造海湾形式的住宅区，通过对这些建筑的宣传，营造迪拜形象，造就品牌效应，吸引全球最富裕的消费者来度假（其实就是住酒店）、采购名牌奢侈品。十多年来，我们一直目睹着这个构思在一步步地实现中。

迪拜所有的项目一律要求炫目的豪华，因此，这个哈利法塔也要极尽奢华。塔内的所有设施，比如豪华公寓、酒店、服装专卖店、游泳池、温泉会所、高级个人商务套房以及位于124层可以俯瞰整个迪拜的观景平台都设计得极度张扬。意大利时尚设计师乔治·阿玛尼在大厦内建起第一家阿玛尼酒店，并以此作为阿玛尼酒店全球连锁的旗舰店，内部所有的装潢、家具设计全部遵循阿玛尼品牌的风格。阿玛尼酒店内包括有175间贵宾间和套房，除此之外还有餐厅、温泉等，占地共达4万平方米。在酒店的旁边还有144座豪华的住宅式公寓，从家具到所有其他产品的设计也都由阿玛尼亲自操刀。

这样，我们就可以看出要建造世界最高塔的原因：就是要用"高"来做品牌，用品牌去刺激旅游购物，逐步打造这个除油以外一无所有的国家的经济核心。之所以这样去策划迪拜，是因为石油资源是有限的，如果现在不着手打造一个可以持续发展的经济中心，几十年后，一旦石油资源枯竭，这里的人就只有移民走路了。以前在中东几乎没有什么可以用来炒热旅游的，迪拜就用这种旅游核心的要素，包括顶级豪华的酒店、免税商业等等，在沙漠里面硬性打造一个单纯依靠顶级酒店为核心的旅游业来。迪拜在2004年间就已经接待了超过540万名游客，比2003年上涨了9%，根据原先的估计，到2010年，游客数字将增长3倍。因此，修建这样一座世界上最高的酒店，一方面是吸引更多的观光客，另一方面也可以容纳来自世界各地日益增长的游客。不过人算不如天算，恐怕在策划这个项目的时候，谁也没有料到全世界会遇到这么严重的金融风暴吧。现在高塔倒是建成了，可游客和消费量，就真不好说了。

何况，"树大招风"。这么高的一栋楼，目标也太大了。据说阿联酋的情报机构在几个月前逮捕了数名涉嫌参与恐怖活动的嫌犯，从嫌犯的住处搜查到大量炸药、自杀式炸弹腰带和大批武器弹药。据嫌犯供称，一个位于阿联酋境内的恐怖组织正在计划袭击哈利法塔。阿联酋警方和情报机构面对如此大量的武器和恐怖组织的袭击计划感到非常震惊。据阿联酋当地一家报纸称，西方情报机构分析认为，这些恐怖分子和武器来自阿联酋的邻居伊朗。阿联酋警方在行动中逮捕了8名恐怖嫌犯、3名当地人，其余为巴勒斯坦和叙利亚人。经初步审讯，嫌犯交代了计划袭击哈利法塔等恐怖袭击的初步计划。但是警方相信，这些人只是负责运输武器弹药的小卒子，还有更多更高层的恐怖分子没有被抓获。目前，阿联酋警方已经开始寻求国际合作，力求尽快抓获预谋袭击哈利法塔的恐怖分子，以防止发生类似"9·11"一样的恐怖事件。

几年前，号称七星级的酒店伯瓷酒店（Burj Al-Arab酒店，又称阿拉伯塔）完工，豪华得让人感觉窒息，虽然建筑界恶评如潮，但是慕名而去迪拜的人越来越多。我当时就感觉到迪拜的这类项目大策划后面有一股我自己不太明白的力量，现在看见哈利法塔张扬地落成，不知道是该喜还是该悲。2010年2月的《纽约客》杂志上有美国建筑评论家保罗·戈德堡（Paul Goldberg）的文章《空气中的城堡》（*Castle in the Air*），他的一个说法我非常认同，戈德堡说：做最高的大楼，并非旨在住人，或者吸引游客，甚至旨在赢利，这类顶级高的大楼——包括上面说到的纽约帝国大厦、克莱斯勒大厦、纽约世界贸易中心，或者亚洲、中东的建筑在内，它们的目的仅仅在于吸引世界的注意力（You don't build this kind of skyscraper to house people, or to give tourists a view, or even, necessarily, to kake a profit. You do it to make sure the world knows who you are.）。除此之外，我不知道还能够对这个建筑说什么了。在巨大的地标性建筑前面，设计评论居然有点失语的状态了。

上海新天地
33士
2010-5。

上海的88新天地 ~

因为工作的关系，我常有机会住进一些精品酒店。它们未必最豪华，但设计上很有特点，住在里面，可以亲身体验一下不同的设计，感受到设计师的气质。精品酒店在英语中叫做"boutique hotel"，突出的是特征、气质，而不刻意标准化、星级化的张扬。上海的精品小酒店里，我印象比较深的一家是位于上海新天地中心的"88新天地"。

从20世纪70年代开始，我就时常去上海，那时多住在淮海中路后面的南昌路。工作之余有时间就喜欢骑着自行车到处逛。那时候上海没有这么多汽车，道路两旁高大的法国梧桐树张开手掌似的叶子遮蔽着城市。有时候也会经过中共"一大"旧址附近那片石库门居民区。那里当时还是一个接近贫民窟的居民区，很破烂，并无多少商业氛围。尤其在炎炎烈日下，除了偶有参观"一大"旧址的人，几乎是路断人稀。

2000年在上海开会，看见这里正大张旗鼓地建设。在原址上建造了一个颇大的人工湖，底下是停车场，"一大"周边的石库门都改旧如旧。到2002年建成了一个叫做"上海新天地"的商业区，位置就在淮海中路南侧、黄陂南路和马当路之间，总面积3万平方米。以上海独特的石库门建筑为基础，将上海传统的石库门里弄与充满现代感的新建筑结合起来，集历史、文化、旅游、餐饮、商业、娱乐、住宅等于一体。现在这里已被誉为领略上海历史文化和现代生活形态的最佳去处。这里的设计用现代技术保留了一些建于20世纪初期的石库门旧建筑。2003年，新天地北里荣获了国际房地产界大奖——由Urban Land Institute（ULI）颁发的Award for Excellence大奖。

"上海新天地"是个规模不算很大的旧房改造项目，总楼面面积为5.7万平方米，开设了多家高级餐厅、酒吧、品牌专卖店及时尚店铺等。开发商是香港瑞安房地产公司，这个公司在"新天地"还自设了酒店、餐厅、俱乐部会所和礼品店等，并推出新天地品牌的酒类产品。其中比较显著的是"新天地壹号"，坐落于新天地北里，是瑞安房地产公司的私人会所，用于接待国内外重要贵宾与举行集团会议及聚会等。"上海新天地"和法国酒庄Chateau Petrus联手生产了一系列新天地品牌的酒类产品，这些产品主要提供给新天地和西湖天地的租户，同时在礼品店有售。

整旧如旧的上海新天地

　　这个地方现在很牛，有人说"不到新天地，等于没到过上海"，虽然言重了，但是也不无道理。

　　之所以开张以来好久我都不知道这里有酒店，是因为我习惯在上海住老式的锦江饭店，或者对面的花园酒店，从来没有想到过去新天地住，以为那个地方太过热闹。3年前，有一个开发商要在广州市中心建造一个类似新天地的旧城开发项目，邀请了几位设计方面的专家来新天地体验一下，包括做建筑、餐馆、酒店的专家，也找了我去，安排住在一个名为"88新天地"的酒店式服务公寓。他们给我订了一间很漂亮的大套房，打开窗子，下面就是新天地的小街，住在里面，恍惚之间好像回到了20世纪30年代的旧上海。

　　88新天地延续了新天地中西合璧、新旧结合的风格和理念，53套单元都经过精心布局，将中国传统元素和异国情调恰到好处地融合起来，铺陈在帷幔织物和现代风格演绎的仿古家具之间，营造开阔的空间和富有现代感的婉约风范。

　　88新天地经理布特根（Jan Buttgen）那时候说：精品酒店应该是一个"给予爱与被爱"的地方（to love and be loved）。这句话很生动，无形中赋予酒店以生命内容了。在酒店入口的小小的大堂左墙，挂了几幅花草题材的国画，右墙则是一幅西方油画，也就是演绎了这个"爱"和"被爱"的对立统一意思。这里的设计几乎设法在所有地方都灌输这样的中西合璧、对立统一的精神，房间的天花板上有欧洲古典的水晶吊灯，也有纯粹现代的灯饰，但是室内也装饰了明清的家具和屏风，设计做得很注意"攻心"。接待台的大理石桌面上布满了粗糙的纹路，显现着一种年轮似的凝重感；大堂铺的是印花木地板，每一层走廊都垫上 1.5厘米厚的地毯，这个厚度，据说有一种让人还没到客房，就想拎着皮鞋光脚走路的冲动。

88新天地里，新与旧、中与西的对比、碰撞，无处不在，营造出一种相当特别的氛围

旅店的室内处处弥漫着一种慵
懒、松弛的气息，让你进来了就
想休息，就想放松一下

　　这种思想延续到了客房之中。譬如为客人准备的浴巾，都分别用蓝色与红色来区分性别；而织锦缎的拖鞋，也分蓝、红两色，上面绣着龙和凤；德国顶级时尚品牌Aigner系列沐浴产品与中式梳妆盒相搭配，酒店在室内的装饰设计上也尤其青睐中与西、传统与现代的混合和对抗，是一种视觉上感觉得到的两种文化的差异和融合，很有趣。我看到房间里既提供非常现代的电器，也有20世纪30年代Art Deco风格的家具和饰品，选用4000元一副的铜质老式电灯开关，彰显不同。

　　虽然我从来不在酒店里做饭，但是看见套房中安置了一个"小厨房"，还是觉得这个设计给酒店增添了不少"家"味，这在精品酒店中颇为少见。"小厨房"严格来讲，是一个橱柜，最上面摆着画盘，是美国艺术家的作品。"新天地"品牌的红酒摆在中层，下面则有几种不同的咖啡壶。大理石台上还安置了一个水池，将雕花镂空的木格门打开，就成了一个小厨房。在橱柜的咖啡杯旁边，看到一个漂亮的彩色盒子，打开乍一看以为是各色巧克力，其实不然，那是冲咖啡的糖，被设计成各种形状，颜色也五彩缤纷。

　　我在那里住了两天，晚上在酒店对面的私人俱乐部吃江淮菜，谈谈体会，白天懒洋洋地睡觉看书。这个酒店，就给你这样一种惰性，进来了就不想工作，回到旧日褪色的时光中，设计的目的也就达到了。

阿西西

引孟之, 2010.1

荒漠中的别墅——阿瓦西 ~

阿瓦西沙漠旅店共有8套客房，围绕着间的天井用泥砖建成。天井里有一个游池，还有一棵400年树龄的阿莱亚树

对绝大部分人来说，智利是一个很遥远的国度，也是个很陌生的国家。即便对于住在西半球的大部分的美国人来说，南美洲最南面的智利也依然是一个很遥远的影子。智利境内，有个横亘在安第斯山脉和太平洋之间的荒漠，叫做阿塔卡玛（Atacama）沙漠，那里没有多少居民，沙地上一个个在烈日下晒得发白的盐碱堆，驼羊粪，骆驼刺。按照一些来过此地的人的形容：与其说这里是地球上的荒漠，还不如说是月球表面的什么地方更准确。科幻电影《2001：太空漫游》（*2001: A Space Odyssey*）就是用这里做洪荒时期的地球的背景。不过，如果真正深入到这个荒漠，你会有惊喜的。这里绝不是什么死亡之地，而是充满了生机的盆地。你会在盐湖水湾里看见成千上万只粉红色的火烈鸟在觅食。因为这里地处高原，云层稀薄，全年基本都是丽日蓝天，附近又没有任何城市，没有污染，因此，这里成了全球晚上观看星星的最佳地点；这里也是考古发掘的宝地，大量的史前化石分布在各处，在干燥的气候中保存得比其他任何地方都要好。

这种条件，使得阿塔卡玛沙漠成为一些旅游者最喜欢的地方。不过，这里长期以来都没有任何现代标准的酒店、住宿设施，因此旅游者在阿塔卡玛是很难住下来的，只有考古的、探险的人会在这里搭帐篷宿营。

有一家人，出于对阿塔卡玛沙漠的喜爱，决心在这里打造出一个顶级的别墅、酒店

来。他们通过好几年的努力，竟真的做到了。看着他们这个豪宅别墅屹立在这样的蛮野洪荒里，实在令人感叹！

智利圣地亚哥（Santiago）的建筑师冈萨罗·多米尼格兹（Gonzalo Dominguez）是一位非常投入的史前考古学爱好者，也是一位人类学者。多年来，他常到阿塔卡玛沙漠来挖掘化石，十多年前曾经在这里发现历史上未记载过的古代鲸鱼化石的头骨。他的一家人都很精彩：儿子罗德里格（Rodrigo）和媳妇苏珊娜·阿兰惠兹（Susana Aranguiz）都是建筑师，女儿波拉·多米尼格兹（Paula Dominguez）是室内设计师，女婿佛朗西斯科·兰科列特（Francisco J. Rencoret）也是建筑师。这一家人都喜欢阿塔卡玛沙漠，从20世纪50年代就开始每年到这里来。大概2005年前后，他们一家人开始构想在这里建造一个完全和自然融在一起的高级别墅，给那些和他们一样热爱这个地方的人提供一个短期退隐、居住和休息的地方，并且一开始就很明确：要把这个别墅群设计得非常具有隐私感，内部要非常亲密和谐。

多米尼格兹一家人开始在这一带地区找合适的建造别墅酒店的地段，这个沙漠上有个海拔2500米的小镇，叫做阿塔卡玛－圣彼得罗（San Pedro de Atacama），那里有座古代的教堂，还是早年西班牙殖民时期建造的，这教堂的建筑采用当地的石头和土打垒泥砖，一层层地垒砌起来，形式有点像安第斯山脉里的那些火山一样。他们觉得这个地方再理想不过了，因此立即买了下来，成立了一家公司来开发，把未来的别墅酒店叫做阿瓦西（Awasi），意思是"阿塔卡玛沙漠里的家"。

"阿瓦西"的构想，来源于附近一个在3000年前被天灾掩埋的古代村落——图瓦

虽然是按照3000年前的古村落格局建造的，材料也多是就地取材的黏土和卵石，但阿瓦西酒店提供的却绝对是有水准的环境和服务。这是酒店里客房的一角

客房的屋顶是用从附近的圣佩得罗河割来的芦苇铺盖的，室内的纺织品都是从当地集市上买来的手工织品

阿瓦西酒店的客房卧室

阿瓦西酒店的餐厅，家具和
灯具都是本地的手工制品

（Tulor）。从挖掘出来的村落布局看，正中是一个天井，那些用就地取材、经太阳晒干的泥砖搭建起来的村民住宅，绕着天井围成一个圈。这种圆形的围合形式，使得住在里面的人得以躲避周边狂暴的沙漠风暴的吹袭。他们这个设计班子决定，完全遵照图罗古村的原则来设计建造，全部采用当地材料，土地上的任何树木都不砍伐，植被完全被保留，屋顶的材料是用从附近小河里面砍来的芦苇铺设的。为了防止偶然降雨时会出现漏雨情况，他们在芦苇屋顶中间夹了一层金属顶，但是完全不显露出来。别墅酒店的墙，沿用了300多年前的教堂建筑的土墙，不加修饰，尽量维持原状，原来古代教堂建筑结构上的石头也完全被原汁原味地保留了下来。

　　这个别墅酒店很小，由一群小屋子围绕一个中心院子组成，一共有8套客房，餐厅、起居室是公共使用的，整个建筑都用泥砖建造，部分融合了古代教堂的墙壁和基础，别墅酒店地面铺设的石头是从附近一个采矿小镇托科瑙（Toconao）取来的。别墅里的纺织品，比如床单、被子、毯子、窗帘、枕头等等，都是从本地市场购回的手工制品；酒店里摆设的家具和装饰品，也是从附近小镇上的家具工场、从农民的手工作坊、从首饰集市上买回来的，沙发也是用安第斯山地区传统的方法编制的，保持了十足的原生态感，洋溢着当地印第安民俗风情。别墅酒店餐厅里的饭菜则是纯粹的智利烹饪，就连陶厨的炊具和餐具，也都是本地陶艺家手工制作的。

　　要做到纯粹，并不是件容易的事，要做到这样十足的纯粹，就更加不容易了。因此，这个小小的别墅酒店的建造用了很长的时间，点点滴滴地做，一丝不苟地做，经过3年的努力，这个酒店别墅终于建成了。纯粹到如此地步的别墅酒店，世界上恐怕还真不多见呢！

　　想了解这座别墅酒店更多的详情，可以查查它的网站：www.awasi.cl，电话是（智利）56-2-233-9641。

在阿瓦西酒店，你可以安坐在清澈的盐水湖畔，细细品味沙漠和雪山的美景

西泠印社. 王言之. 2010.5.24

西泠印社 ~

白粉墙，灰布瓦，磨砖题匾，杭州的人文气息扑面而来

　　第一次去西湖畔的西泠印社好像是尼克松访华的次年，1973年。当时有个朋友在浙江大学教物理，我出差，顺便去看他。在大学吃过饭，傍晚他送我出来，信步就走到那里。那是"文化大革命"期间，西泠印社关了门，我只能在外面走一圈。薄暮之中，那个小小的园林实在太精致可爱了。想当初这些杭州的文人怎就这么懂得享受呢？造这么好的一个园子，还放在西湖里面，实在太绝了。

　　后来在大学教书，到杭州去看西泠印社的机会就多了，有时候是参加座谈会，有时候就是自己去看展览。到现在为止，不知道去了多少次，还是很喜欢。那是一个极为传统的江浙园林，但是如果看看历史，其实却是民国年间设计建造的。做传统做得那么地道，现在好多仿古园林项目都还望尘莫及呢！

　　从年代上看，西泠印社的建筑是中国在20世纪初期完全采用民族传统形式设计和建造的建筑群的一个典型，建于1903年，由叶为铭、王褆、丁仁、吴隐等人设计的。现在去杭州，行走于西湖畔，看见孤山如牛卧水中，牛头在西泠桥，朝向岳坟，桥东就是西泠印社了。正对园门有柏堂，匾额为俞樾所题，其廊柱间多悬名人手书的楹联。堂前有莲池，池东有碑廊，内陈郑板桥、吴昌硕等人的书画精品石刻。西有竹阁，传为白居易所

筑。过了柏堂是四照阁，初建于北宋，阁上四面开窗，四望景致各异，堪称孤山之最。四照阁的北面是题襟馆，这是大书画家吴昌硕来杭时常住的地方，他在此作画吟诗，精研篆刻。吴昌硕古稀高龄后为题襟馆所撰长联，迄今仍悬馆内。其他如任伯年作《饥看天图》、丁敬作《研林诗墨》的刻石，都是馆藏的精品。四照阁西面，有汉三老石室和观乐楼。三老石室坐落在岁青岩，全用青石砌成，内藏汉代《三老讳字忌日碑》，清代出土于余姚，称浙东第一碑，是研究中国古代碑刻起源的重要文物，曾沦于日本人之手，后由余姚的乡绅募集八千银元赎回。观乐楼为二层砖木建筑，楼内有《西泠印社新建观乐楼之碑》和日本友人朝仓文夫为吴昌硕塑的铜像，此处现已辟为吴昌硕纪念室。西泠印社还有华严经塔、山川雨露图书室、宝印山房、小龙泓洞、还朴庐、遁庵等，无不玲珑雅致。

青竹林，石板梯，
西泠印社好清曲

西泠印社是个研究金石篆刻的学术团体。1903年，金石家叶为铭、王禔、丁仁和吴隐等在孤山结社，研讨印学。1913年，诸人公推吴昌硕为社长，正式成立西泠印社。每年的清明和重阳，都有各地的金石家和书画家到这里交流金石书画的技艺。吴昌硕（1844—1927年）名俊卿，别号缶庐、苦铁，浙西安吉人。他以印、画、书、诗称四绝，其书画中亦有金石气，是超越前贤的一代名家，有《缶庐印存》和《缶庐集》传世。

从时间上看，他们先筹款建社，之后才正式组织社团的，其中有10年的时间差，这些人可真是聪明极了。这个建筑群，若论创新，倒建树不多，还是属于传统复兴类型的。不过20世纪之初的中国，基本是兵荒马乱，还能够有人作出这样优秀的园林建筑来，也是件大事了。

早些年，大概是1985年前后吧，当时浙江美术学院（现在叫中国美术学院）工艺美术系的王凤仪老师还健在，通过学校请我去讲课，去了好几次，经常住在南山路旧校区，面对"柳浪闻莺"。下午若不上课，我都会去西泠印社走走，一方面是自己喜欢书画，当然还有就是对这个非常传统的园林建筑群感兴趣。风雨飘摇之日，空无一人之时，独处此处，感觉最为宁静。

我和已故的湖北国画家唐大康是多年好友，他的父亲唐醉石就是这个印社的发起人之一。唐老先生晚年在武汉，住在武昌三佛阁附近，离我父母工作的音乐学院不远，可惜当年我年纪太小，没能够问问醉石先生当时印社的活动情况。

如果再有机会，我还会多去那里走走的。

水也好，石也好，亭舍也好，无不玲珑雅致

西子湖畔多雅客，如今的西泠印社仍然是文
人墨客交流切磋的好去处

徐红 2009.11.

若即若离话武汉 ~

我在武汉生活过近30年，对武汉应该算得上有比较深刻的认识。说心里话，我觉得武汉是一个很古怪的城市，也是个很矛盾的城市。就连"武汉"这个名称，也仅仅是个政区称谓而已。具体到三镇，武昌是武昌，汉阳是汉阳，汉口还是汉口，活活是被两条江隔开的三座城，经济、社会文化、人文习俗，甚至口音都不尽相同。

从武昌汉阳门码头开出的轮渡，不到半个钟头就在汉口的武汉关（原来叫做江汉关）码头靠岸了。武汉关大楼上的巨钟敲响，钟声低沉又响亮，在混浊的江水上面传扬开来。这钟声，我从童年听到青年时代。早年是一曲《上帝佑我女皇》，和伦敦议会大厦的钟声是一样的；后来从1966年起改成了《东方红》的曲调，从前那种机械击打的经典钟声也变成扩音喇叭播放的颂歌了。这深沉凝重的钟声，贯穿了我的整个青少年时代，几十年光阴，就伴着钟声、顺着长江，缓缓东流去了。汉口沿江那些高大的新古典主义建筑鳞次栉比，如果它们是排列在珠江、汉水这样尺度的水边，那气势是足以媲美上海外滩的，不过，立在浩渺宏大的长江边，楼层的气势也就明显地被宽阔的江面压住了。直到下船走进汉口旧租界的街道，才顿然知道这曾经是一个多么经典的城市！

1968年因为那场"无产阶级文化大革命"一发不可收拾，政府不得不把几千万学生送到农村、农场去"接受再教育"，我也随着"上山下乡"的洪流从武昌被送到一百多公里外的一个偏僻农村去"插队"。那时交通很不方便，政府对农村人口流动的控制也超级严格，因此大部分农民从未见过大城市的学生，一下子来了几百人，自然很是稀奇。我们下乡那天，层层分配，直到天黑才算落实到生产队里，乘坐生产队的小木船（湖北话叫做"划子"）在浓浓的黑夜中进了村。村里的孩子、老人、妇女都围着我们看热闹，其中有几个曾经去过汉口的农民（算是村里少数有见识的人了）问我们：是汉口来的吗？我说是武昌的，他们说：也就是汉口了。那个时候，不怎么说"武汉"，多是称"汉口"。在农民的心目中，汉口是大地方，武昌则接近郊区的感觉，而汉阳，也就是和他们农村差不多的地方了。汉口地位凸显重要。三镇三镇，汉口是第一镇，这是毋庸置疑的。

为什么说武汉很矛盾呢？因为这座城市有一种相当主流的低俗地方文化，和强烈有力的都市建筑之间形成极大的反差。湖北湖南古代属于楚国，这一带的人统称楚人，这

江汉关的钟声深邃悠扬，传遍武汉三镇

个"楚"字，在汉口话里的读音和"丑"字完全一样，因此武汉人在开玩笑的时候，也会揶揄自己是"丑人"。汉口方言非常强势而低俗，我读中学的时候，同学有时候玩个小小的恶作剧，用汉口话大声朗读拜伦、济慈的浪漫诗歌，古怪的感觉当场笑倒一片人。这个方言基本没有办法讲得优雅，但是用来骂人则是异常铿锵有力、抑扬顿挫的。湖北人喜欢大声讲话，并且喜欢带脏话做助词，这种脏话助词当地人叫做"把子"，也很形象，好像菜刀一样，必须有把子才好用。对很多武汉人来说，不骂人、不带脏话把子是很难讲成一句话的。这里能言会道的人极多，油嘴滑舌者的比率和北京人相近，不同的是北京人讲话可以不带一个脏字而损人至死，武汉人虽也油滑谐趣，但是脏话连篇，几乎句句都带有"把子"。走在三镇的大街小巷，"老子""嫌子""板马""狗日"之声如江涛一样，汹涌澎湃，此起彼伏。如果在公共汽车上，更加像爆豆一样地急击连发，听得外地人目瞪口呆。我在全国走过许许多多城市，脏话水平能够和武汉相比的还真是没有遇到过。

1980年，我和在武汉大学教书的美国教授安德鲁·霍怀特在江汉路百货大楼买东西，领教了武汉人的绝骂。一对纯粹得不能再纯粹的汉口夫妇在我们旁边看商品，三十来岁，无产阶级形象。女的在给男的挑选毛衣，而男的则东张西望走开了，突然，女的高声大气吼叫起来："茗货！（这是武汉很流行的给男孩子用的小名，就是傻瓜的意思。）你个挨千刀的，砍脑壳的，你跟老子死到哪里去了？还不给老子'遣'过来（就是滚过来的意思），把这件毛衣给老子试一下！"声量洪大，力透墙背，震耳欲聋，我听得目瞪口呆，但见那男的很乖地"遣"了过去，但嘴里还是不依不饶地说："叫么子叫？老子又不是聋的。"美国人问我，她嚷嚷什么？我只能尴尬地说了句，没法翻译。这种语言的威力，莫说类似，世界上的城市里面恐怕连接近的水平也难以找到。这个"楚"文化的俗文化圈非常强势，对人对事直截了当，毫不掩饰。

为什么又说它古怪呢？因为在这个极强势、极粗俗的人文气氛和方言语境中，汉口却有一个无与伦比的精彩的城市区域，有在全世界也可以排得上号的精彩的新古典主义、Art Deco建筑群体。从旧英租界、法租界、德租界、日租界蔓延开去，沿江而下，到大智门火车站铁路一线，规模宏大。规划之完整、建筑之精良，达到令人难以置信的水平，加上可以媲美上海石库门的里弄居民建筑群体，除了沿海少数城市之外，汉口的这类建筑的水平绝对是国际级别的，难怪它曾被誉为"中国的芝加哥"。

汉口的租界里面是一个精英阶层的居住区，住在这里的人，多半在洋行、银行、进出口公司等为租界服务的行业中工作和生活。租界里面有讲究的公寓楼房，也有许多民族开发商在租界周边开发的住宅区，是围合型的带小天井院落的联排住宅，在武汉叫做"里份"，相当于上海的石库门。汉口的租界，顺着长江，从江汉关所在的江汉路开始，江汉路对面就是华人区。租界的长度从江汉路算起，几条并行的马路自西向东，顺江向下排列，过了一元路，再过了六合路，直到汉口蛋厂一带；宽度则从江边的沿江大道开始，由南往北，一直延伸到车站沿线的铁路边，汉口的几个租界都设在这里。这里最早建成现代城市，最早安置了下水道、污水处理设备、化粪系统，最早通自来水，最早供电，也最早安装电话设备。无论是餐饮，还是服务，无论是工作形式，还是公共交通，汉口租界是最早进入现代化的区域。这个区域的发展，自然给汉口其他地区后来的开拓提供了范本，因此，汉口的现代生活，事实上早在1862年就开始了。生活在

汉口汉江路上原四明银行建筑，具有典型的艺术装饰风格（Art Deco），这与当时的国际建筑潮流是同步的

这里的人，和前面提及的汉口俗市民有很大的差异。第一，因为他们多是职业人士，需要很规矩、典雅的用语，即便讲汉口话，也绝不带脏话；第二，因为他们大部分在洋人的行业、涉外的行业工作，因此多通国语，不少人还能够讲英语，他们的消费方式，也就纳入了西方人消费的范围里，久而久之，他们的消费也就和国际接轨了。

写这一段，我是有些顾忌的，因为好像在讲租界的正面影响。外国人到中国建立租界，当然不是为了提高国人的水平，也不在于提高中国城市的水平。但这是他们自己要生活和工作的地方，为自己着想也得把西方最先进的城市规划和建设、管理模式、行政规范、生活习惯引入。越是先进的国家，租界的建设水准也就越高，从上海到香港，从新加坡到汉口，几乎无一例外都是如此。在租界里工作和生活的华人因此受到影响，也很自然，很符合逻辑，汉口的情况应该算是很典型的。

我从前有几位住在旧租界里或者住在武汉人称为"里份"（类似上海的"石库门"）里面的朋友。他们的家庭，有少部分是解放后迁入的高干家庭，这部分人虽然住在原来的旧租界里，但是在言谈举止、行事做派方面，并没受什么旧租界的影响，严格来说并不算租界类型的人，他们的生活方式、为人处事基本还是干部类型的；另外几位则是跟着家庭一直住在汉口老租界里的，老租界对他们的生活方式和言行举止影响很深。有时候我都觉得难以想象：汉口租界在20世纪30年代就取消了，这种影响何以延续这么长时间呢？就好像上海一样，整座城市直到现在，也还有一种那个时代延续下来的生活、服务方式。

我有一位多年的好友，全家住在英租界里的一个里份，上中学的时候，常请我去他家玩。他们住的房子和上海的石库门非常相似：天井、两层楼、亭子间、厨房、现代卫浴。他的父亲是一位银行的会计，博览群书，母亲是个精致的主妇，讲一口无懈可击的北京话，她其实会讲汉口话，但是选择讲国语。他们家的生活方式、饮食习惯和我在音乐学院、武汉大学的教授群里所见到的并无二致。每天看《参考消息》，也听听短波BBC。偶尔，会请我们几个朋友去汉口那家原是白俄开的西餐馆"邦可"吃饭：罗宋汤（红汤）、蒜包、头盘、主菜和甜点。甜点经常是soffle，是一种奶油发泡的烘烤食品（最近播出的一部孙红雷主演的电影《窈窕绅士》中，那位女主角很洋气地说："我最喜欢吃的点心叫做soffle。"其实就是这个东西），然后还有黑咖啡。这种生活方式延续到1966年，才被"无产阶级文化大革命"冲散。但是他们和邻居依然会在可能的条件下在家里做西餐，做罗宋汤，烤面包和煎猪排，种种解放前的讲究居然可以在那个动荡的岁月里艰难地延续下来，那是我们在大学里面已经无法维持的。汉口旧租界里的生活有一个自己的圈子，甚至菜场都有所不同。汉口兰陵路的菜市场，当年居然有红菜头这类做西餐的蔬菜卖。虽然物资已经很贫乏了，但是这个从租界时代就形成的生活、服务圈子居然还在运作，实在很让我惊异。

从这些人口中，是完全听不到汉口标志性的脏话把子的。我那位同学的父亲，一辈子讲纯正的汉口话，从来没有一个脏字，温文尔雅，得体脱俗。我对于汉口的认识，正是从他家里才逐渐有了一个新的观点：不是所有的武汉人都那么粗放，那么低俗的。汉口的精英分子有两个大的群落：一个基本住在租界和车站路附近，靠近江汉路、中山大道和铁路一带的里份里，他们的举止言谈是颇雅致的；另外一个则是住在机关大院、企业大院，特别是大学区里面的群体，这些人也没有本地文化这种放纵的俗气质。所谓"人以群分"，大概就是说的这种因为居住环境不同而形成的不同人文氛围吧。

汉口里份的老民居

武汉的高雅人文氛围还可以在武昌和汉口的高等院校里面体会到。青少年时代，我居住在音乐学院里，基本是以讲普通话、广州白话为主的，武汉话仅仅是我们上学、出去办事用的一种方言而已。在那个环境中，我们生活在音乐和美术氛围里，大家的交往也是客气典雅的。几乎每天晚上都有音乐会，一般是音乐学院各个专业学生的观摩会。那时候下了晚自习，从学校回家，一般都会到音乐厅听听音乐，有些时候有比较大的演出团体来表演，母亲也会帮我留张票去看。学院的院子里到处都是美术学院的师生在写生，画室的门是敞开的，可以从一个工作室走到另外一个工作室看他们画油画、临

依山傍湖的武汉大学，是由一位热爱
中国传统建筑的美国建筑师设计的

摹古画。每逢元旦，学生会组织盛大绚丽的嘉
年华会，有圣诞老人、有白雪公主、有精灵、有
仙女，冰冻的湖面上有烟花燃放，这个环境和
武汉的俗文化似乎完全没有什么关系。

乘12路公共汽车出武昌城，去珞珈山，那
里便是20世纪30年代中国现代建筑和民族传
统建筑结合最好的典范——武汉大学。一个烟
波浩渺的东湖，一座郁郁葱葱的珞珈小山，再
加上这样一群精彩的民族现代主义建筑，除
了南京之外，在全国也是首屈一指的。走到武
汉大学一区的树林里，一栋栋精致的住宅小
楼掩映在林木中，即便与当时世界上的著名学
府相比，也属于一流的教授住宅了。"文化大
革命"以后，武汉大学办起了三个与美国相关
的研究所，一个是历史系的美国现代史研究

武汉音乐学院里幸存的几栋旧教
学楼，低调而典雅，比那些张扬
闪烁的玻璃幕墙新楼有品位多了

所，一个是经济学系的北美经济研究所，还有一个是哲学系的美国哲学研究所。当时我在美国现代史研究所读研究生，虽然是草创阶段，设备条件并不太好，但师资却是一流的——国内屈指可数的世界史专家吴于廑先生、国际知名的国际法专家韩德培先生、国内很有影响力的美国现代史专家刘绪怡先生都在这个研究中心授课，其中刘先生更是我的直接指导教授。刘先生讲一口带黄陂音的武汉话，却讲得温文尔雅。他在芝加哥大学留学多年，英语非常好，遇到一些特别的问题的时候，会用英语给我解释。从他那里，我学到的是典雅的、斯文的、文化的武汉话，毫无粗俗的味道。武汉的高等院校圈子很庞大，武汉大学、湖北医学院、测绘大学、邮电学院、华中师范学院、华中工学院、华中农学院、武汉体育学院、武汉水电学院、武汉河运学院、武汉医学院、武汉音乐学院、湖北美术学院等五十几所大专院校，组成一个庞大的知识分子文化圈，我在这个圈子里生活了多年，于是对武汉粗俗的方言文化有了某种"免疫力"。这个武汉，和前面提到的那个俗文化到极点的武汉，似乎是两个世界，几乎没有什么关系。武汉，其实是几个完全没有关联的概念，说到武汉的文化，就是两种几乎完全没有关联的文化组合起来，既有极为粗俗的"楚"市民文化，也有很典雅的知识分子、机关大院、租界居民文化，并生并存。这一点，正是老让我矛盾的地方。

　　这种矛盾的感觉，使得我从来不写武汉，怕写不好得罪了武汉众人，也怕破坏了建筑的形象。自己是做设计理论的人，对研究城市很有兴趣，也写过一些谈城市的书，但是一旦涉及广州和武汉——这两个和我自己有很密切关系的城市时，我居然哑口无言了。几年前，当我出版《巴黎手记》的时候，有人问我：为什么不写一本《武汉手记》？我都不知道怎么回答才好。细想一下，原因大致是两方面的：一来是太过熟悉，反而不知道从哪里讲起；二来也是这个城市实在有太多让我难以讲述的东西，因而就干脆选择沉默了。这里有让我很震撼的建筑，这里也有我很伤心的记忆；这里有我怀念的学府，这里也有我避之不及祈求躲避的恶习。历史给武汉留下了许多珍贵的建筑，却又经不起岁月的蹉跎，荒废而去。我们小时候非常喜欢、崇尚、珍贵的汉口苏联展览馆，后来改叫"武汉展览馆"，居然在几年前给炸掉了，说起来也是武汉的精致文化和粗俗文化交锋的结果。1956年，"苏联经济及文化建设成就展览"继北京、上海、广州巡展之后，在武汉举行，还专门为此展览修建了"中苏友好宫"，建筑之精美堂皇一时传为城中佳话。我还记得当年在音专跟着父母搭学院的校车过江看展览的情形，一车的师生，个个都兴奋不已，就像过节一样。现在北京、上海的展览馆都还好好的，只有武汉这一座永远地消失了，实在令人痛心。在我的印象中，这个武汉，恐怕独一无二，大而泛，言重而落轻，因此也就不怎么太想讲这个城市了。其实，我可以讲一口地道的广州白话和武汉话，但是对两个城市都选择了沉默，实在伤心所致。

　　这二十来年里，武汉地区建设得快，扩张得快，但是除了"大"和"快"之外，却看不到多少城市建筑的精彩，人文方面则更加令人伤心。武汉的"楚"文化圈和精英文化圈现在界限已经越来越模糊了，原来住在老租界的那一代人和他们的子女逐渐老去，精英圈的人不是四散而去，就是沉沦到俗文化中去了。武汉精英圈的世俗化速度之快，真有点触目惊心，武汉大学接二连三地出事，精英荣耀已经所剩无多了，在院校里听见看见的那些"文化人"的行径，还真不如市民的真诚，有时甚至连粗俗程度都不相上下了。前些年我还期望"楚"文化圈能够受到精英圈的影响，提高武汉的水平，现在居然是精

武汉大学一区的原教授楼，一栋两家，郭沫若先生在《洪波曲》中曾介绍过，与当时国际上一流学府的教授住宅相比，也是上乘的

英文化圈迅速沉沦到"楚"文化圈下面了，挫折之感和失望之情真是难以言说。

　　我是武汉大学毕业的，在武汉大学历史系读了几年。家住在武汉音乐学院，好多年间，生活都是两点一线，从一个学院到另一个学院，虽然一直很向往参与和了解，但却很少有机会深入到市民层次的生活中去。自从1982年毕业离校，去了广州，因为一直都很忙，就没有再在武汉做过什么工作了，总是将父母接去广州避寒，自己却难得回武汉。出国以后，回武汉的机会就更少了。十多年前，武汉大学的刘纲纪先生曾经和我讨论过回武大帮助成立设计学院、建筑学院的事情，我觉得条件远未成熟，便以自己在美国的工作脱不开为由而婉拒了。四五年前，有一个湖北国营背景的开发项目在武昌的关山附近启动，他们请的建筑设计单位是澳大利亚一家很不错的公司，我受委托参与了先期的策划和设计，曾经很兴奋了一阵，觉得终于可以为武汉做点事情了。为了这个项目，我还从洛杉矶赶去布里斯班开会，然后又赶回洛杉矶上课，很忙很累，但是心里很高兴。可惜如同大部分武汉的事情，总是先声夺人、半途而废的，主持这个项目的公司内部出了些国内常见的问题，和澳洲公司的合作也就不了了之，我也就中途退出了。这样一来，我这个在武汉生活和工作过几十年的人，居然在后半生完全和武汉没了关系。想起来也很奇怪，前半生脱不开的武汉，后半生却沾不上了。

车站记忆 ~

说起汉口的精彩建筑，我会立刻联想起江汉关、大智门车站和几个银行的建筑来，这些建筑绝大部分都是属于新古典主义范畴的。

2009年夏天，我应邀去汉口看金地公司在这里的高层住宅区项目，地盘就在大智门的汉口旧车站旁边，因此专门去了一次那座常被人叫做大智门车站的老车站。想去看看工地，也顺便去拾回一些陈年的记忆。在整个参观过程里，我自己有点恍惚，几十年前的旧事好像云烟一样在脑里飞过，感触很多。

大智门火车站已有百年历史了，是中国最早的大城市火车站之一。这座车站，见证了从北平到汉口的京汉线铁路的开通，又见证了辛亥革命，清朝在武汉的最后一批官员就是从这里爬上火车回北京去的。北伐在这里运兵，日军攻陷武汉后在这里卸下装备和军人，解放战争也以占领这个车站作为一个胜利标志，解放军是沿着大智门的铁路朝循礼门方向挺进的。转眼到

了"文化大革命"，我居然在这座车站的大立面上画过那巨大的毛主席像。随着车站和铁路的搬迁，大智门车站突然空了下来，街头过去永远熙熙攘攘的人群一下子消失了，建筑还保留在那里，周边却空空荡荡的，那种时光颠倒错位的感觉有些怪诞。那一天，我站在已经清理一空的车站大楼前面，却感觉像是昨天才从站前为画画搭起的脚手架上攀爬下来一样。只是时过境迁，人事两茫茫，转眼已是三四十年前的事情了。

世界建筑史上曾有过"新古典主义"的浪潮，汉口新古典主义建筑最典型的例子之一，就是这座汉口老车站。作为车站，结构是一个四角有塔楼的方形大棚，用高大的穹顶拱起内部，作为候车室空间。方形棚的四角是四个四层高的挺尖塔楼，塔楼顶部都用墨绿色金属包裹起来，是模仿德国巴伐利亚地区城堡碉楼的顶部形式，这类顶子一般很少用于民用建筑，有一点神话的色彩（你注意看看现在的迪斯尼乐园的那个灰姑娘城堡，屋顶碉楼用的也是这一类的形式），可以想见当年设计这座车站的时候，设计师的构想是想做成一个很有德国感觉的车站。现在这个车站的顶子恢复了原有的深绿色，墙面也是浅灰色的。但是在我记忆中，"文化大革命"的时候，这座建筑是给刷成其他颜色了的。顶棚虽是方形的，但是由于中间拱起，因此四个立面都做成了圆拱形，半圆拱券立面的设计，使得候车室四面都有一个半圆形的采光大窗。面对车站路的那个半圆拱门尤为壮观——前面有一个很大的自鸣钟，半圆拱上端还有一只青铜铸造的飞

鹰。鹰是建车站的时候就装在上面了的，"文化大革命"的时候怕给"红卫兵"毁了，因此早早就收了起来，大钟也搬走了，所以当年我在那里爬上爬下画毛主席像的时候，是没有见到这只鹰的。那时朝向车站路的前立面，用锌铁板做了一整面墙，将半圆形的玻璃穹窗完全遮住了，那幅巨大的毛主席像就画在了这面锌铁板墙上。

那天，陪同我去看大智门车站的朋友问我，车站和我在"文化大革命"时候看到的样子有什么差别吗？我说建筑倒没有什么变化，保护得很好，只是人去楼空，气氛完全不同了。"文化大革命"的时候，这个车站是汉口的交通枢纽，人头涌涌，周边热闹非凡。加上四周墙壁上铺天盖地的大字报、标语，整个建筑立面都差不多给大字报盖满了。现在，这栋建筑就像一个博物馆、一座纪念碑，很干净，很安静，很可爱，但是很超现实。赋予建筑生命的是那些使用建筑的人，如果人不在了，仅仅剩下建筑，也就只是个遗址了。望着它，有几分亲近，有几分熟识，却又恍若隔世。

我在这里爬上爬下的时候，是1966年的夏天。记得那个夏天特别闷热，阳光灿烂得

汉口大智门车站的正立面。当年"鹰"和"大钟"都被移走了，半圆窗整个披锌板遮盖，我们就天天爬上爬下地在上面画巨大的毛主席像

有点惨烈，烧得武汉地面的苍生沸腾。天蓝云白，江里水大，翻着红色的浪。"文化大革命"从5月底开始爆发，到了10月，学校都停课了，工厂也开始受到影响，马路上的公共汽车虽然还能够维持班次在开，但经常是游行队伍一来，交通就中断。如果要去什么地方，除了可以坐轮渡过江之外，恐怕最可靠的就是我们笑称的"11路车"——两条腿走路了。

"文化大革命"期间，我是个非常彻底的"逍遥派"，因为革命跟我没有关系——不是我对革命没有憧憬，而是革命不欢迎我参与，因此也就一心画画，完全不介入运动。

"文化大革命"应该是从5月16日算起的，到6月份大字报已经铺天盖地贴满了学校。我却从乱中溜了出来，和另外一位姓余的同学从7月份开始就在武昌的铁路系统画画。那时学校不上课，同学们或者忙着写大字报，或者跑到湖北大学去串联；老师们不是被学生拘禁在"牛棚"里受苦，就是在学校里集中"学习""文革小组"的最新指示，没人管我们。我们学校位于武昌徐家棚，那里有个武昌北站。最开始是北站派了两个工人来我们学校找"会画画"的学生，去帮忙画一个有关铁路系统进行"文化大革命"的展览。我和小余在学校里画画还有点名气，余胖，我瘦，凑在一起，好像早年好莱坞的谐星莱路、哈蒂一样，加上名字也有点谐音，全校都管我们叫"胖子"、"瘦子"。这样我们就去北站上班了，　每天在北站旁边一个类似小仓库的地方画展览要用的插图。这个展览也很有点意思，最初策划的时候是1966年春节以后，当时还叫做"四清展览"，不料上半年政治风云瞬息万变，还没有筹备好，政治调调就改了，从"四清"变成了"文革"，时间很赶，这样才叫我们去，在大白纸上用墨汁画连环画。当时《解放军报》的美术编辑董辰生用黑墨干笔擦的作画方法对我影响很深，我就学着先把姿势很夸张的工农兵草稿勾好，再用很干的墨笔擦出来，挺快，效果也好。可是，刚刚画了党和国家的主席毛和刘，消息传来，刘被打倒了；才画了省委领导王任重，又说王任重也被打倒了。不但要改画，连故事内容也得改，来来去去，没完没了。我们两个学生是和铁路美术组的两位美工一起画画的，画到最后他们说：干脆停下来等等吧,也不知道以后会闹成什么样子,天天这么改来改去,也不是个办法。于是,我们两个每天早上还是去北站,不过只是在那里耗时间,晚上再走路从徐家棚北站回学校宿舍去睡觉。

7月,汉口火车站打电话过来与武昌北站谈美工的问题,大智门火车站需要紧急装一张8米高的毛主席胸像,但他们那里只有一个姓杜的专职美工,因为"文化大革命"开始了,最新指示一天一个样,需要写好多标语,车站内外整天都要换,他忙不过来,需要找外援。不知怎么打听到徐家棚站这边的美工室有两个"学生伢"画得很好,因此汉口站那边就说:让他们过来吧!我们得知后,正准备收拾画具过去,武昌站的美工告诉我们:汉口那边是大车站,有专职美工,不像他们都是兼职的,因此汉口那边的画具、颜料多得多,什么都不用带过去。于是,我和小余在得到通知的第二天,就从徐家棚坐轮渡,在汉口滨江路抗洪纪念碑那里上了岸,两手空空地一路走到了汉口车站。

我们学校在徐家棚,那里是乡下和棚户区,而大智门这边非常热闹,是汉口的繁华之地,我们两个完全是从乡下进城的感觉。车站路很长,是抗战后市政府把原来跨越几个租界的路连起来合称的路名。这条路西北起大智门火车站,东南连接沿江大道,横穿友益街、中山大道、岳飞街、胜利街、洞庭街,全长750米。但不算太宽,就是10～15米。车站路西北与天声街和大智路左右为邻,东南与蔡锷路和洞庭小路对应。记得在1966年,这条街两旁都是小商店、小旅店和各色饭馆,虽然也受到"文化大革命"的冲击,但因为"文化大革命"开始未久,还不到最坏的时期,大部分店的生意自然受点影响,但还远没有到1967年、1968年那样全国都停顿的情况。因此我们一路走去,也依然看到熙熙攘攘的人群,站前有好多人在卸货、装货、打包、运输。

我小时候去北京就是在汉口大智门车站上车的,后来也陆续去过几次。解放前叫做大智门火车站,解放后改为汉口火车站。这座中国第一条长距离准轨铁路的大型车站是中国近代铁路建设尚存的重要历史见证。我祖父的哥哥王仁康,生于光绪十五年(1889年),曾经在日本留学读铁路工程,辛亥革命后担任过从广州到武汉的粤汉铁路局局长,小时候曾经听他对我描述过这座车站有多么壮观。车站位于车站路终端，从中山大道上就可以远远地望见，虽然建筑本身不是很高，但是新古典风格味道很浓，色彩也很突出，加上处在两条放射形道路的交点上，因此很令人瞩目。

大智门火车站应该算是中国最早的枢纽火车站之一了，是在1903年底建成并且投入营运的。火车站的建成，使得武汉可以直通北京和华北地区，也带动了原本地处荒僻的大智门一带的经济发展。以车站路为中心向四周辐射，建起了工厂、仓库、搬运站，形成了商店、副食店、餐馆林立，居民众多的闹市区。尤其是1918年以后，随着叶凤池，北洋军阀寇英杰、程汉卿，湖北省长何佩瑢，买办刘子敬等一批有头有脸的人物在车站路附近填土建屋、置办产业，使车站路一带越发红火起来。这条垂直于火车站的车站路一时间人来人往，一派繁盛景象。20世纪50年代，我爸爸有时候还带我们兄弟两个来这里看车站建筑、看火车，也在路旁边的小餐馆吃顿饭，记忆中的火车站好不热闹！我接受任务到这里画画的时候，也还是非常热闹的。

大智门车站这个地段，原来算是租界内的，车站归车站，车站旁边的车站路，基本都属于租界范围。1896—1943年间，这条路大部为法租界区域，法租界工部局、巡捕房、兵营及许多重要洋行、俱乐部均设于此。在租界时期，车站路分为三段，各有不同的名称：原汉口火车站至友益街一段称玛领事街（玛领事即玛玺理，1900—1904年任法国驻汉口领事）；今中山大道至洞庭街一段称大法总理克勒满沙街（克勒满沙在1919年巴黎和会时任法国总理，现在翻译为克里门梭）；今洞庭街至沿江大道一段称邦克街，为法、俄两租界的"界限街"。1918年，邦克街又以美国总统威尔逊的名字命名变成威尔逊路。直到1946年抗战胜利后，法租界才被收回。因此地紧靠汉口大智门火车站，中国政府随即将上述三段道路合并称为车站路。

那天，我和余胖子走到车站门口，看见有好多人在候车，汉口车站主楼是那个有四座塔楼的候车大厅，旁边两侧有后来加建的候车室。车站不大，十分拥挤，不少车站的办公机构也都在附近的楼里面，其中美工组在车站路左边一栋小建筑的顶楼。按照约

汉口大智门车站和车站路

定的时间，我们爬上去找到了老杜，他当时大概三十出头，印象中应该是河南或者山东人，穿件褪色的蓝色工作服，上面有好多油漆斑点。老杜和另外一位从汉口循礼门车站调过来的姓肖的美工当时正在车站右边写一块很大的标语牌，内容好像是把文化大革命进行到底之类的。他们很热情，说"我们去看看车站吧"。于是放下手里的笔，点着烟，带我们两个人来到车站门口的广场看看那栋建筑。

我们当时年纪小，感觉车站建筑非常宏大，2009年我因为工作项目又去大智门车站走走，感觉建筑物远远没有我原来印象中那么大了。但是建筑设计的精美，则是肯定的。我后来也去过一些欧洲城市，精美程度达到大智门车站这样水准的车站建筑，并不很多。

说起这座车站的建造构思，恐怕还要上溯到张之洞。清光绪二十八年（1902年），推动洋务运动的张之洞邀约直隶总督王文韶，联名向朝廷呈递了一份设立朝廷铁路总公司的折子，内容就包括在汉口大智门附近建一座火车站的方案。张之洞所奏，上头照准。于是，张之洞公开招标，最终，一广帮建筑商胜出中标。经过几年精心施工，汉口最早的火车站就鹤立在大智门了。

大智门火车站是由比利时贷款兴建，法国工程师设计的。按照西方铁路车站的设计设置，在建筑外观造型上体现了西式新古典的风格，建筑平面呈横亚字形，中部突出，四角各建有高20米的塔堡，堡顶为铁铸，呈流线方锥形。墙面、窗、檐等部位以线条和几何图形雕塑装饰。屋顶有五个屋面，正中部高，两侧稍低，屋面均不出檐，檐周修有栏杆式女儿墙。主出入口系由并列的三洞六扇门组成，设于大厅正中。室内正中为一层候车大厅，坐西朝东，空间高10米，左右为两层。占地面积800余平方米，楼上办公，楼下售票、候车。汉口大智门火车站当时是京汉铁路的南端终点站，20世纪初，它诞生时曾是亚洲首屈一指最现代化和最壮观的火车站，被视为京汉铁路全线最耀眼的亮点。车站建成，火车开通，汉口的面貌也跟着改观，《夏口县志》记载：后湖筑堤，芦汉通轨，形势一年一变，环镇寸土寸金。

铁路一通，商贾云集，车站位于市内，火车就穿越市区到这里停靠，因此可以想象车站的周边有多旺了。随便翻开当年的记载看看，都说这里是繁华之地。《汉口小志》名胜类中说火车站前的景象是：繁盛极矣，南北要道，水陆通衢，每届火车停开时候，百货骈臻，万商云集。下等劳动家藉挑抬营生者，咸麇集于此。

论及汉口的基本发展形态，应该说这座城市是因水约束而形成的：最早的城区位于汉水和长江交界部分，是旧城，完全沿江而建。租界这一带早期完全是江边的滩涂地，靠江，背湖。到张之洞建造了围绕汉口外围的张公堤之后，汉口开始有所发展。直到租界划定，在长江边修建堤防，英国人、法国人、德国人、日本人按照方格布局方式建造城市，才形成了租界区内的近代汉口城市，而租界之外则仍是建造散漫。铁路开通之后，在租界和铁路之间就形成了新市区。我小时候听汉口的人说汉口，还是喜欢用"铁路内"和"铁路外"这些字眼，如果是"铁路外"，出了大智门、循礼门，也就算郊外了。可想当时汉口并不很大。

我们跟着老杜看车站建筑，也听他给我们两个指指点点地讲车站建筑的一些故事，记得他特别提到辛亥革命在武昌爆发时，清朝的官员是从这里爬上火车逃走的。

在大智门车站立面画一张大毛主席像，是当时铁路"革委会"的紧急要求。那个年代，能画大幅毛主席像的人不多，加上美术学院的老师很多都被隔离斗争，也无法来画，因此但凡我们这类有一定绘画能力的，机关单位都会请去帮忙。现在回想当时的情况，老杜他们两位都是专业美工，应该是他们上去画的，但是我估计他们当时是有一些顾忌，因为毛主席像画不好，是要出政治大问题的。找我们画，首先我们是学生、"红卫兵"（"红卫兵"在六七月份的时候，还是那些"红五类"子弟的专属，但到9月份之后就谁都可以给自己挂袖章了），算是属于毛主席支持的"革命小将"，何况又不是本单位的人，因而即便画得不像，出错了，我们的这种身份也比较保险，改改就是了，不会被单位的人随便上纲上线地拎去批判。这种特殊的态势，也就给了我们一个特殊的机会。时间很紧急，因此我们四个人：老杜、小肖、小余和我，就站在大智门车站门下，商量方法。第

在武汉青山专门为高铁新建的武汉站，3小时直达广州的"和谐号"就从这里开出

一个是脚手架的搭法，要算好一个人站在上面的工作距离，最后决定将8米高的肖像挂在车站入口的天棚上部，做三层脚手架，余家祺站在最上一层，画毛主席眼睛以上的部分，第二层在毛的下巴附近，我负责画从眼睛以下到下巴的部分，最下面一层是领口、脖子、衣服，老杜来画。背景色统一刷。

"文化大革命"开始的时候，流行的毛泽东肖像主要有两种类型：一种是面部稍微侧一点点，可以看见左耳，特征是"一个耳朵"；另外一种是稍微晚一点的，是完全正面的肖像，可以看见两边的耳朵，特征是"两个耳朵"。这两张画估计都是中央工艺美术学院专门画毛泽东肖像的张正仕老师画的。我们选择了一下，还是觉得 "一个耳朵"的好看，就定了这张。接下来，几个人一起去公务班，把脚手架的事情安排下去了。当时铁路还完全没有受到冲击，因此做事很有效率，两三天内工人们就把脚手架搭起来了。脚手架用钢管搭建，上面铺着木板，可以走动，从侧面用竹梯子爬上去工作。

那张大肖像画是画在用镀锌板拼成的大平面上，底色是白色的油漆，画外圈有金色的大画框环绕。虽然在来大智门车站前，我在学校、在徐家棚车站都画过毛泽东像，高度大概在三四米，但是往往是全身像，因此头部的尺寸不大，比较容易控制画面，而现在面对的这一张则是一个8米高的大肖像，并且是3个人分段在画， 因此怕不准确。我们首先在整张锌板画面上打上放大用的格子，同时在毛的印刷品肖像上也打上格子，对着格子一个个放大上去，用木炭笔起好轮廓，这样基本形就准了。我们用的油画颜色，毛泽东肖像的额头部分色彩比较淡，脸部色彩比较红润，下巴部分色彩偏土黄，因此我们3个人协调了一下，用搪瓷大脸盆调了3盆颜色，另外在手边放一个调色板，从脸盆里用基本色，再在调色板上添加一点点具体变化的色彩，这样既保持了整张画面色调的一致，也有局部的变化。

画那张大像，我们花了大概4天的样子，是一件非常劳累的事情。每天要从侧面的竹梯爬上去，落脚的跳板只有尺把宽，是根本无法退后看效果的。因此画一下就得退下来，从车站门口边退边看。像大，差不多得退到20多米以外才看得出整体效果来。看到有不合适的地方，又匆匆忙忙地爬上脚手架去修改，一天要爬上爬下无数遍。各人画完了自己的一部分之后，3个人下来一起看，再调整。等到差不多了，就让工人把脚手架拆去，再看。发现还有瑕疵，就用长梯子靠在上面修改，反反复复，总算完工了。铁路革命委员会的人来看了，说不错，于是便大功告成了。

这张画连续画了好几天，因为脚手架搭在车站建筑正面，给了机会让我爬到旁边的塔楼上看看，估计我属于极少数有机会爬上那里的人之一了吧。这次我重回武汉，去大智门车站看看，这个车站已经搬迁了，车站建筑作为历史文物保留了下来，因为车站不再，周边的商业也就颓败下去了。车站建筑两旁原来属于车站的附属建筑都拆得干干净净的，只剩下这个建筑很突兀地杵在那里，有种奇怪的感觉。我站在车站正门的街头上，想起42年前我在这里上上下下爬着画画的情况，特别是当时爬到塔楼上四处张望的情况，好像还是昨天的事情一样呢！

提起那张大画，倒勾起当时一件让我很伤心的事情来了。我父亲在武汉音乐学院（当时叫做湖北艺术学院）教交响乐配器法，是作曲方面的专家。他小时候一直在学校的军乐队吹奏单簧管（黑管），吹了好几年。因为在军乐队的经历，他对大部分管乐器都熟悉，能够吹奏不少乐器。不过他在音乐学院一直是教作曲，这方面的才能就很少有人知道了。"文化大革命"一开始，他就被当成"反动学术权威"受到冲击，挨批、挨斗，甚至挨打，受了很多的折磨。1966年夏天，我在大智门火车站画毛主席像，回家就告诉他，他听了很高兴，觉得无论自己怎样，儿子是出息的。他说：可惜我没有机会去大智门车站看看你的画了。他当时给关押在音乐学院的变相集中营——俗称"牛棚"里面，除了规定时间里可以回一趟家，平时是不能自由行动的。殊不知机会却从天而降：当时汉口的武汉剧院演出"样板戏"，是武汉军区乐队在伴奏。有一阵，乐队那位吹大号（tuba）的人出差了，乐队缺了一个大号演奏员，那时能吹大号的人很少，不知道是什么原因，决定让爸爸去顶缺。结果每天晚上把父亲从"牛棚"拉出来，套上黄绿色的军装，戴个红袖章，和其他人一起坐大卡车从武昌过长江大桥去演出。因为他是个"牛鬼蛇神"，一路上没有人敢和他讲话。到了剧院之后，也就孤孤单单地坐在大号的那个位置，一晚上吹上几声，其他时间就枯坐在台上。大号太重了，演出结束之后也就放在剧院里，他脖子上吊个大号的号嘴回家。那几个星期，晚上11点钟，他准时回家，脖子上吊个大号的号嘴，回家就要脱军装，喝口水，再回"牛棚"睡觉。他是个精神上很独立的人，受过很多折磨，能够应对。有天晚上他回到家里，眼睛放光，很高兴地跟我说：今天车过汉口大智门车站那一刹，我看见你画的那张大幅毛主席像了，画得很好。他鼓励我坚持锻炼下去，相信一定会有出息的。自己儿子画的画，只能远远地从卡车上看一眼，还不能告诉其他的人，这段经历，想起来都让人心里流泪。

　　我很庆幸大智门车站这座古老的建筑物没有被拆掉，给我们保留下一个百年的记忆，也给我保留了"文化大革命"的记忆。

　　附注：因为那天和金地公司的人去看大智门车站的时候，天气很不好，所以我手头没有什么大智门车站的照片。后来在网上看到有蜂鸟摄影论坛的xhsy666网友上传的几张车站的照片，拍得很好，所以下载下来，放在书内，以便不在武汉的读者能对这座精彩的建筑有个视觉印象。这里，特向蜂鸟摄影论坛和xhsy666网友一并致谢。

安徽青山看望设计
王立之 2010.5.20

原宿青山看设计 ~

东京的春天是很秀丽的，日本的色彩不像欧美那样浓烈，是一种淡淡的清新和纯净。樱花色彩是很淡的，好像一抹轻云，给我印象很深。回来看看鲁迅当年写的好些谈到日本春天的文字，很有感触的。

做设计的人第一次去东京，问朋友最应该去哪里看看，好多人会建议你去原宿（Harajuku）青山（Aoyama），特别是去表参道走走。表参道就位于东京原宿、青山一带，离涩谷不太远。日文读作"Omotesando"，坐地下铁的JR东日本山手线，在原宿站下，位置就在明治神宫口，对面就是这条路。这是日本的设计店、设计公司、名牌总部最多的地方，到日本看设计，这里是应该去的。

东京的地下铁超级发达，但因为是几个不同的公司经营，所以系统不一样，刚去会感觉特别复杂，要花一点时间了解。日文中用汉字多，如果细心看地图，还是很容易明白的。坐JR公司的（是日本铁路的英语缩写）山手线很容易去。

这里说的表参道，事实上是一条路名，但是还有一个城市改造项目，叫做Omotesando Hills，中文经常译为表参道之丘。它是在同润会青山公寓旧址上所进行的城市再开发计划。该项目因为表参道而得名，由森集团进行开发，建筑师安藤忠雄设计，建筑区域是道路旁边狭窄细长的区域。既窄又长，并且由于是斜坡的地区，不能建造高层建筑，处理起来颇有难度，于是设计师利用一整排榉树和分阶段渐次降低的建筑楼层来调和景观。

我去表参道看青山公寓，是想去看看都市中心的旧历史建筑如何改造。原有的那些建筑叫做同润会青山公寓，是1927年竣工的，已经超过80年了。被拆除之后在原本的位置上建立的复合建筑设施就是表参道之丘。2006年2月11日才开幕，全长约250米，地上三层、地下三层的建筑，进驻了不少日本国内外知名的名牌服饰精品店。由于表参道是一个倾斜的腹地，因此建筑内的地面也有许多斜坡。此外，在东侧还保留了以前青山公寓建筑的一部分，用来作为店面使用。

这个设计项目很有趣的地方就是虽然是新建筑，却保存了原来建筑的完整面貌，感觉还是很历史的。这个建筑现在共有101间店，这里还有38户住宅，称做"Zelkova Terrace"，简称"榉木树住宅"。

说到安藤忠雄，我还是想多讲几句。安藤是个很神奇的人物，是个自学成才的建筑大师，是日本建筑名家之一。

他们家三兄弟都很有名。安藤忠雄是双胞胎中的哥哥，双胞胎中的弟弟是北山孝雄，在东京开设北山创造研究所，从事企业经营顾问、商品设计。三兄弟中最小的弟弟是建筑师北山孝二郎，与美国建筑师彼得·艾森曼合作，也有相当的知名度。安藤忠雄并未受过正规的建筑教育，仅在建筑公司工作过一小段时间。高中毕业后，参加了一个叫做"Semi Mode"的建筑研究班（Semi Mode Seminar, Seminar是一种由大学教授创立的研究班，属于大学教育的一种），Semi Mode研究班是由长泽节所创立的很特别的一

原宿青山的表参道之丘，是东京一个很精彩的城市改造项目

这栋大楼的下面两层，是原有的旧建筑改成了店面，上面几层则
是新加的住宅，但仍然保留了原有的气氛

种教育体系，这个研修班出来的名人不少，包括饭野和好、金子功、寺门孝之、山本耀司等人，毕业生大多是目前在日本设计界很活跃的设计师。安藤毕业之后，自己通过各种渠道学习了室内设计、设计制图。在成为建筑师之前他就已经在日本关西地区做了好多茶馆、咖啡厅的室内设计。安藤1969年在大阪成立了自己的建筑研究所，之后设计了许多个人住宅和大规模的公共建筑，其中位于大阪的"住吉的长屋"获得很高的评价，安藤从此确立了自己以清水混凝土和几何形状为主的个人风格。20世纪80年代在关西周边（特别是神户北野町、大阪心斋桥一带）设计了许多商业设施、寺庙、教会等。20世纪90年代之后设计的公共建筑、美术馆，以及海外的建筑项目越来越多。我去看的这个城市中心区改造项目，是他在东京地区很著名的项目。很多人都是冲这个项目到表参道之丘来的。

　　表参道的著名设计店中，设计师深泽直人在2003年推出的品牌店青山"±0"店，算是很成功的一个。深泽在无印良品做设计，名气很大，他是日本非常著名的产品设计师。他是山梨县人，1956年出生，毕业自多摩美术大学工业设计系。他的设计非常朴素、亲和力强，很容易操作，设计界称他为"不假思索"（without thought）的设计家。他的这两个品牌："±0"和无印良品都很出名。他自己的设计事务所就叫做深泽直人设计工作室。他的重要设计作品之一是，在2003年设计的手机Info bar，是给KDDI设计的，一时风靡日本。在西方，他的名气最大的产品，就是为无印良品设计的壁挂式CD播放机了。这家"±0"店店面不大，但是非常优雅精致，我喜欢无印良品的那种风格，而这个风格的奠造者之一就是深泽了。因此我建议做设计的朋友，若有时间的话，一定去那个店看看。

在表参道看的另外一个店，是长尾智民和片山正通的 A Path APE，这个店是片山在2005年重新设计的，很亮丽的瓷片镶嵌，好像一个大浴室，非常艳丽的方式，但非常有趣，看得我有点目瞪口呆的感觉，片山的设计总是这样惊艳型的。他设计的店我去看过几家，比如青山的BAPE，代官山的Hacknet书店，青山的La Porte 店，还有他在好多购物中心都有的甜点连锁店Piere Herme Paris，简单而又豪华，很特别。片山的日文名字读做Masamich Katayama，他于1966年出生。他在1992年和做家具设计的黑川勉合作开了设计事务所，叫做

"Wonderwall"。

看设计小品，就要去在竹下通三楼的AssistOn了。日设计的特色之一就是很多这种貌不惊人、设计内容丰富小产品设计。这个店小小的，但是里面居然集中了全球的彩小玩意儿，有旅行用品、家用杂货、日用品、文具等，直看得我目不暇接。平时在香港看日本产品店，不会这细心，在这里可真是学到了好多东西。日本设计大奖叫做"Good Design"，简称为G-Mark，也就是带一个G字母产品。这里好像是日本唯一的G-Mark授权店，因此在店我遇到不少设计界的人，或者是对设计特别有兴趣的人，这里找有纪念意义的设计产品，这是很有趣的一个小店。

Hhsytle.com 原宿本店也是一个很值得去的地方。因之一，这个连锁店（在东京已经有4家了）是销售全世的优秀设计产品的地方；另外一个原因，这个原宿店的建是日本著名建筑师妹岛和世的重要作品。妹岛和世是一女建筑师，出生于日本茨城县，现在庆应义塾大学理工学当教授。她在1981年从日本女子大学获得建筑学硕士学位进入了伊东丰雄的事务所工作，14年后，与西泽立卫成立SANAA建筑设计事务所。2004年，两人以金泽21世纪美馆的设计赢得了当年的威尼斯建筑双年展的金狮奖。妹和世的作品逐渐受到世人瞩目，她的作品被认为具有"穿性"风格。她大量地运用玻璃外墙，让建筑感觉轻盈而且逸，因此媒体称她的作品是"穿透、流动"式的建筑。想了解妹岛和世的作品风格，应该到表参道来看看这个店。

位于表参道的Prada总部大楼

表参道的典型街景，中间那栋窄窄的红砖房就是利用原有老建筑的一部分改建的

岛和世在这里的另外一个突出作品是Dior 东京旗舰店大楼，也是她和西泽立卫合作的作品，很优雅的一栋灰白色玻璃建筑。

讲到建筑，到表参道应该要去看看瑞士建筑事务所赫尔佐格和德梅隆设计的知名时尚品牌普拉达（Prada）的东京旗舰店，北京奥运会的"鸟巢"就是这个事务所设计的。Prada的东京旗舰店是一座由菱形框架和数百块玻璃构成的水晶似的玻璃塔，很显眼，经过那里的人都不会忽略而过的。整栋建筑就像一个大橱窗，完全可以穿透看到里面的产品。这个Prada旗舰店建造费用是 8300万美元，总面积3000平方米，玻璃墙整体的外观感觉似乎是平的，实际上是由向建筑外侧弯曲的凸板和向内侧弯曲的凹板组合而成。每块玻璃的重量因固定框架的位置和形状而异，每块有300公斤左右。由于表面有些凹凸，因而虽说是透明材料，却给人一种充满重量的感觉。在光影折射下，建筑的玻璃外表显现出雕刻的效果。整座大楼因为凸的、凹的、平的玻璃经过各种组合，这些不同的几何体产生出许多小块的反射和折射，使建筑本身显得特别丰富。加上透过玻璃墙可以看到的Prada的商品、城市建筑在玻璃墙上的影像等等，观察者眼中的视觉影像会随所在位置不停地变化，就连室内也产生了一种很奇幻的感觉，特别是服务员都被要求做到面无表情，从而更加使人印象深刻。建筑物旁边则特意留下一块公共空间，来营造广场的气氛。

这次去日本，并无特别的工作，就是想去看看、品品。慢慢地走了几天，对日本设计有了很多新的印象，看以后能否陆续写成文字，给大家看看，做做参考吧。

山城重庆

这是1970年代我看到的
重庆，现在所在不多了。

叶浅予 2007年

重庆印象 ～

对重庆最早的视觉印象，是李可染先生的一张画。1956年，李先生去四川写生，画了一张叫《夕照中的重庆山城》，是从江面画上去的，层层叠叠的吊脚楼，用赭石色轻轻地抹了一层，很精彩。那张画给我留下很深的印象。记得几年前在北京的中国美术馆举办李可染的回顾展，这张画就在那里。我过去看的是印刷品，以为原画应该很大，看到原作，才知道是53厘米×54厘米的一张小画，这真是咫尺之内藏乾坤了。

重庆多雾，有"雾都"之称。每年10月至翌年4月是重庆的雾季，大雾弥漫。抗战时期，这雾就成了重庆的天然防空网，日机无法空袭。到了雾季，人们不再整天呆在防空洞里，城里各行各业又活跃起来，恢复了生机。重庆雾多，是由于特殊的地理环境而形成的。重庆处于川东盆地边缘，四面群山环抱，嘉陵江与长江交汇于此，江水蒸发不易扩散，潮湿的空气处于饱和状态，遂形成大雾。

我看过许多文化人回忆录中谈到抗战时的重庆。当时，这里住过中国绝大部分最重要的文化人：郭沫若、茅盾、巴金、冰心、老舍、曹禺、柳亚子、臧克家、徐悲鸿、丰子恺等等，他们都在自己的回忆录中谈及对抗战期间陪都重庆的印象。我心目中的重庆印象，有不少就是从这些回忆录里面来的。

不过，我对重庆的印象，最早还是听父母讲述当年故事而形成。我父亲原来在中山大学学医，却酷好音乐。抗战爆发前在大学遇到刚刚从巴黎学成归来的郑志声教授。郑教授专长交响乐配器法，给父亲看过他写的交响诗《朝拜》的乐谱，描写郑成功见明朝皇帝的辉煌过程，采用印象派的手法，在国内绝无仅有。这首作品曾在巴黎演出，轰动一时，国人却完全不知道。郑先生的法国老师叫皮埃尔·卡农，和德彪西、拉威尔是朋友，同是印象派音乐家，因此郑受这个流派影响很深，他的作品不重旋律而重器乐配合的氛围，就好像德加、莫奈的画一样。在中山大学，郑把自己的乐谱给我父亲看了，据父亲后来说，他当时阅后的感觉是五雷轰顶，才知道原来在贝多芬、莫扎特、柴可夫斯基之外，还有这等截然不同的配器手法，有这等辉煌的音乐。那是20世纪30年代下半叶，印象派还没有传入中国，我父亲可算是通过郑志声最早接触到这个乐派的人之一了。 他

看了郑带回来的德彪西、拉威尔的作品《大海》《德芙尼斯与克罗艾》《鹅妈妈的故
事》《牧神午后前奏曲》《波列诺》的总谱之后，激动得不能自已，决心弃医从乐，一门
心思跟郑老夫子学音乐去了。抗战爆发，他们从广州一路逃亡到重庆，其中曲折就不细
说了。父亲在音乐上相当有灵性，学得很快很好，郑先生又把他介绍给皮埃尔·卡农，通
过函授方式深造，于是父亲对交响配器法日精。好不容易逃到重庆，郑先生患伤寒入院
治疗，竟因护士输血输错了血型，一命呜呼。一代大师，居然无声无息地客死重庆。他
夫人后来离去，留下一对孤儿，送回南京给祖母抚养。关于郑先生这样一个在中国音乐
史上如此重要、但是又几乎完全被忘却的人，我仅仅看见吴祖强在《中国音乐史》中提
及，其他的文字记载则未曾见到过。

　　在郑先生之后，如果我没有记错的话，当时国人中掌握印象派交响配器法的就只有
我父亲一人了。当时父亲在重庆北碚的国立音乐学院教书，他对于重庆的描述，是抗战

的防空洞，是街头茶馆里给学生讲课，是一批文化人的聚会。年纪轻轻的就当了大学老师，有抱负，有雄心，背景就是重庆。自然，我父亲这种另类的路，解放后就走不通了。全国独尊苏联的体系，他一个人推崇印象派体系，推崇德彪西、拉威尔、西班牙的德法亚这些人的作品，极为不合时宜。并且他还试图把民族元素用印象派方式融会起来，1956年写的《貔貅舞曲》虽然在当年波兰的华沙演出颇得好评，还在世界青年联欢节上获得大奖，但在当时一面倒的历史背景下自然麻烦大了。再加上其他一些艺术家天真的缘故，吃亏不少，那是后话了。父亲和重庆的关系，是一个自由知识分子的关系，有些浪漫，有些艰苦，对前途并没有什么预感。

我母亲则是完全从另外一条路进重庆的。一个湖南妹子，生在败落了的大户人家，年纪小小就跟早年参加革命的哥哥逃出家门，在长沙参加了政治部第三厅下属的抗日演剧队。因为年纪太小，进了演剧队下面的"孩子剧团"。长沙大火之后，随团入川，跟着演剧队和上级机关，也就是国民政府第三厅走，因此和周恩来、郭沫若这些人常在一起。她倒是没有什么跟大人物一起的感觉，毕竟只是十几岁的孩子。到了重庆，在曾家岩住过，后来日本人轰炸太厉害，把这些人分配到音乐学院读书，她就是在那里认识我父亲的。师生恋，背景又是天天有轰炸的重庆，这段历史，从他们口中娓娓道来，充满了古怪的色彩，这个重庆就是一个很特殊的地方了。从他们那里，我第一次听到好多地名，什么磁器口、精神堡垒、观音桥、朝天门码头、珊瑚坝机场等等。我问母亲对重庆印象最深的是什么，她想了想，说是走了几十里山路，从北碚到重庆看迪斯尼的第一部彩色动画片《幻想曲》(*Fantasia*)，看完走回学校天已经亮了。我说那岂不太辛苦了，她说如果那时候还可以再看一次，他们都宁愿再走一趟的。我赶快买了第一部当年的《幻想曲》，和2000年拍的《幻想曲2000》(*Fantasia 2000*)一起给她，陪她看，我看见她在看第一部的时候，眼睛中有泪花。那可是她青春的回忆啊！

这个重庆对我就很不一般了。因为和家庭有这样密切的关系，它就不是一般的城市可以相比的。并且这个重庆，在父母口中往往还和抗战时期的好多文化人联系起来，

重庆街头这种依山而建的住宅比比皆是，简直像是从山石里"长"出来的，令人叹为观止

像父亲去参加徐悲鸿展览、和赵无极的交往，母亲和曾家岩的来往，尤其和郭沫若家人的关系，都很特别。他们在重庆时期的好多朋友，后来都成了我的恩师，比如后来当了北京图书馆副馆长的翻译家张铁弦、当了中央乐团指挥的严良堃等，都对我的成长有过不同程度的影响。

20世纪70年代初期，我第一次去重庆，那时候我在一个工艺美术公司做设计工作，出差来的。重庆那个时候就像是个历史的盒子，里面装的都是历史，和我看到过的抗战时期的照片上没有多大的区别。两路口还是那个样子，观音桥也是那个样子，磁器口也是那个样子，朝天门也是那个样子，多了大会堂，"精神堡垒"改成了"解放碑"，上面有刘伯承的题字……但是，那座在陡峭山坡上层层叠叠的城市的确留给我很深刻的印象。那时主要的旅游景点是小说《红岩》中提到的中美合作所、渣滓洞，最

出名的重庆人是江姐、许云峰。

后来我在武汉大学历史系的美国历史研究所学习，研究题目是中缅印战区副总司令史迪威的使命，因此多次来重庆查抗战时期的档案，这样又看到了一些以前不知道的重庆。像当年蒋介石官邸"云岫楼"，宋美龄别墅"松厅"，张治中、蒋经国、马歇尔旧居"草亭"，美军高级顾问团驻地"莲青楼"，孔祥熙二女儿的别墅"孔园"，抗战阵亡将士子弟"黄山小学"，何应钦寓所"云峰楼"，空军司令周至柔旧居等等，都是遗址。当时是给其他单位占用的，找关系去看过。因为系统地研究了国民政府当时在这里的工作情况，特别是和美军之间的关系，对重庆的了解就深刻多了。这些遗址绝大部分都沿黄山山脊而上，掩映于丛林绿浪之中。当时全都不开放的，我能有机会去看看这些曾经影响过中国历史进程的建筑，查阅一些当时的文件，算是很幸运的了。其实留下的档案资料已经不多，我所能够看到的更加微不足道。大部分的国民政府档案在台湾的大溪档案库，少数在南京的中国第二档案馆，能够留给重庆的，鸡毛蒜皮的多，大事记录一概没有。后来，这些我当时费了很大气力才能够去看看的地方，都逐渐对公众开放了。此举对让公众了解重庆在抗战时的地位的确重要。

国民政府在抗战爆发之后，深知南京无法防守，因此早就有西迁的规划。1937年10月29日，蒋介石召集国防最高会议，作了题为《国府迁渝与抗战前途》的讲话，确定四川为抗战的大后方，重庆为国民政府驻地。11月20日，国民政

府发表移驻重庆宣言："国民政府兹为适应战况,统筹全局,长期抗战起见,本日移驻重庆。此后将以最广大之规模,从事更持久之战斗。"自此,重庆成为中国的战时首都。

政府迁都,日本人自然不能够放过,日本空军当时已经有了中程轰炸机,从中原起飞,可以直扑重庆,因此,重庆就遭受到连续多年的狂轰滥炸。1938年2月18日,日本飞机第一次空袭重庆,在广阳坝机场投弹12枚,炸伤4人,毁房2栋。5月3日、5月4日,日机以密集队形空袭重庆,市区大火,居民死 2000人左右,伤5000余人。问问老人家抗战的重庆记得什么,十有八九是日军的轰炸,还有大隧道惨案。我父亲那日刚刚进城,好在没有进大隧道,否则也会被堵死在里面的。他给我绘声绘色地讲述见到的惨案现场,实在惊人的残酷。

1938 年8月4日,国民政府各行政机构全部迁移重庆。随后,内地人口也大规模西迁入川。查查资料,这年11月13日重庆市警察局公布全市人口统计显示,当时全市人口为496798人,较1937年底增加了2.3万人,加上流动人口和江边船户,约60万人。1939年5月5日,国民政府令重庆市改为行政院直辖市。全国大学内迁,重庆是最密集的地方。据1944年12月25日国民政府教育局发布的统计数据:截至1944年,迁入重庆地区的高校共计31所,大约是内迁高校的 1/2。这31所高校中,计有大学9所、大学研究所1所、独立学院10所,高等院校的数量居于全国之冠。我的父母都在这些大学里面,算是这批外迁入川的人员之一了。

现在到重庆,无人不知道"解放碑"的,那里高楼林立,繁华得不得了。我早几年去重庆参与龙湖集团的设计,也住在那附近的大酒店里。从窗口看出去,就可以看见那个纪念碑。不过,若是说到"精神堡垒",恐怕就只有本地的老人家知道了。其实,这个纪念碑原本是抗战期间建造的,叫做"精神堡垒"。纪念碑所在的那个广场,叫做都邮广场。1941年12月30日,纪念碑竣工,当时尺寸是全高25.7米,共分5层,顶悬国旗及各种标志。1946年改造为抗战胜利纪念碑,解放后重修这座纪念碑,纪念重庆和四川解放,

重庆"解放碑"

因此就改叫"解放碑"了。

1946年8月28日，毛泽东从延安抵达重庆，经谈判，国共两党签订《双十协定》。是中国政治史的大事，也是国共最后一次接触，之后抗战胜利，内战爆发。而在1946年5月5日，国民政府正式还都南京，据说当时有位高人给蒋介石算前程，送老蒋八个字——"胜不离川，败不离湾"。最终应验了高人的八字真言。

还都后重庆仍为行政院直辖市。重庆的内迁人员基本都离开了，但是由于有这么长时间的外地和内地人的融合，婚嫁不少，因此重庆人口的原来结构有了大变化，远缘优势逐渐显现，现在重庆的女孩子那么突出的漂亮，我估计就是这种内地和外地结合的优势结晶。

1983年，我第一次受重庆的四川美术学院邀请，来这里讲学，题目是现代设计概念。接近暑假，热得不可开交。不过我在武汉住过好多年，抗热的能力还是有的。美院的一批青年老师拉我去朝天门地摊上吃火锅。那锅汤料是不换的，人家吃完了我们就继续在里面涮，据闻那才是价值所在。我有点迟疑，问他们卫生问题怎么办，他们笑笑说：每一次都加进去一大碗辣椒、花椒和其他的作料，这么滚烫、麻辣，什么细菌能够生存啊？这是最卫生的啦！想想也是，就那么坐下吃了。火锅全国都有，不过像重庆火锅这样丰富的涮料的确吓我一跳，鱼头、泥鳅、鲜肉、嫩笋、毛肚、鸭血、猪脑、螺肉、虾仁等肉类菜蔬无计其数,就连麻花都可以扔下锅去涮一涮,据说加起来有三百多种,肯定是全国之冠了。

天气燥热,火锅麻辣,里外全是滚烫的,就那么狂吃,吃完了全身上下没有一丝干的。真是领教了这个地方的饮食文化了。

重庆的火锅,其实原来不是什么上等人吃的东西,恰恰相反,是那些三峡里面的纤夫为了御寒而吃的,因此麻辣,并且涮的内容基本都是以"下水",也就是动物的内脏为主。后来变为四川饮食的主力,更在全国流行开来,这种吃法反而变得讲究了。

我是广州人,对太辣的东西还是有点顶不住。虽然母亲是湖南人,但是我受父亲的粤菜习惯影响大大超过母亲的湘菜影响,对重庆的麻辣,还是有点吃不消。最近这些年,因为给房地产项目做设计顾问,去重庆多了,自然也少不了吃火锅,在一家叫"外婆桥"的面江的餐馆里吃,装修华贵讲究,和当年在朝天门码头所吃东西其实是一样的,不过感觉反而没有那么过瘾了。

重庆是一座山城,大概是全世界人口最多、面积最大的山城。美国的旧金山也是山城,但是人口密度没有这么高。站在重庆渝中区山顶上看万家灯火,听见朝天门的船笛长鸣,下面是浩荡长江和嘉陵江双流汇合,入峡东去,实在壮观。自从1997年升级成为直辖市以后,这个城市突然飞速发展起来,据说城市面积每年增加25平方公里,现在的城区面积比北京、上海、天津3个城市的城区面积加起来还要大。高楼林立,汽车多到经常堵塞的水平。我每年去几次,目击这个城市高速发展,不但外国人觉得不可思议,就是我这个在国内目睹好多城市的发展,协助过一些大房地产公司开发、设计、规划的人来说,也觉得快得有点过分了。

对重庆的印象之一就是夏天的热。我的青少年时代是在武汉过的,那个城市周围有上千个湖泊,特别是东湖,水体面积大,白天把阳光照射的热量存储起来,到了晚上又慢慢地全部释放出来,因此好像一个蒸笼一样,热得难以忍受;而重庆则是处在山中,四周都是大山,夏天根本没有自然风流通可以降温的,因此更加是一个"大火锅"。

前年我到重庆市规划设计院开一个会，因为有约要提前走，他们说安排车送，我说不用了，因为从那里回解放碑的酒店叫个出租车很容易。出得门来，是下午4点，门口是单行线，好像是出租车交接班的时候，街上没有车可叫，走路到主马路，也没有，等了好久才上了一辆公共汽车，是没有空调的老车，42摄氏度的高温，简直有点顶不住。到了解放碑的万豪酒店大堂，全身湿透了。今年去那里，住在新开发的观音桥的一个五星级酒店，离龙湖公司的总部步行也只有10分钟的样子。那天也是42摄氏度——据说这是官方正式公布的温度，事实上还不止，从酒店走去公司总部，感觉连呼吸都很辛苦。回到美国，也是热，好多美国的朋友、同事叫热，我说这算什么热，你到重庆看看才知道什么是热呢！美国大兵在中东打仗，热得受不了，我说要让重庆人去，一点儿问题都没有，因为起码中东还干爽，而重庆的热则是潮湿加高温的热。这样的气候，加上这样麻辣的饮食，奇怪的是这里的女孩子皮肤依然这么好，好像蒸出来的白馒头一样，想不通。

一多半是为了看看父母去过的地方，我每次来重庆都会抽点时间去沙坪坝的磁器口走走，那个古镇码头建在嘉陵江边，有快艇游朝天门。码头人很多，摆了很多桌椅和遮阳伞，逛累了可以坐坐，品尝油炸麻花鱼，看江上船来船往。不过我得承认，这倒不是重庆人的节奏，坐在那里休闲、打麻将、摆龙门阵，好像是成都人的事情，重庆人在这方面缺乏这种雅兴，就算是打麻将，也简单，和了就拉倒，不像成都人打麻将，讲究就多了。成渝两地，其实差异大了。

重庆生活指数不算高，很好的新楼盘，就几千块钱一平方米，不像上海、北京，没有一万块，想都不要想。我在解放碑住酒店，晚上想吃碗面条，走到街边地摊吃，二两面，加猪蹄花、两个腌茶蛋，就10块钱。冬天看见街上有老人家挑着腊梅花卖，一束就10块钱，买了两束坐飞机带到广州，手里拿着腊梅，暗香四溢，满大街的广州人问我是什么花，称赞不已，我叫他们猜猜价格，他们都说大概100块一束。因此在重庆居住，除了夏天难熬之外，还是很容易过日子的。

一般打工的人大概每个月的收入1000元到3000元之间。如果有4000元，在这里已经可以过上很不错的日子了。想想在上海、北京、深圳、广州这些地方，4000块一个月好像连入门水平还没有达到呢！重庆人的舒服自然就在这个生活指数低廉上。

重庆生产的摩托车是全世界第一的，据说现在全世界摩托车一多半都在这里生产。不过，作为一个从事设计研究的人，我不得不说老实话，就是重庆的摩托车基本都是廉价产品，销售主要以农村地区和东南亚、中东、非洲这些地方为主，和哈雷－戴维逊、本田、川崎（Kawasaki）、山叶（Yamaha）相比，还有很大的差距，而品牌形象则远远没有树立。

重庆这么大的一个山城，周边有好多好多的小镇，我曾经去过几个，虽然有点凋零的感觉，但是还是觉得弥足珍贵，如果不尽快立法保护，大概没有多少年就会被所谓的城市"现代化"破坏殆尽了。这个城市有太多的历史积淀，看着现在这股现代化的激流有点不分青红皂白地冲刷，真是有点着急，怕几年之后，这些小镇也都变成了不伦不类、没有自己风格的所谓现代城了。

高速发展的西部重镇—重庆

烟雨苏州~

我第一次去苏州是一个深秋，是在"文化大革命"如火如荼的1967年，我当时被上海电影制片厂从武汉拉去帮忙弄一部关于武汉"七二〇"事变的纪录片，他们要我这个武汉学生做美工，补充一些武汉"文革"武斗的画面。这部片子也像"文革"中很多其他纪录片一样，随着"文革"情势的变化，电影也一改再改，最后不了了之。到秋天已经基本没有事情做了，于是我跟电影厂革命委员会的领导讲，

绿荫下的小街，恬静清幽

想回家了。他们说再等等，说不定上海市革委会的领导会有新指示。那一阵子，除了厂里让我帮着把第五号摄影棚旁边一张毛主席的大画像重画一次之外，就没多少事做了。久闻"上有天堂，下有苏杭"，却未亲眼得见，于是我就抽了个时间去看苏州。那是"文革"中的苏州，和现在的苏州、以往的苏州都大相径庭。城市给我的第一感觉是很萧瑟。那时候派系斗争如火如荼，街头店铺大部分关了门，走到观前街，居然什么地方都进不去。寺庙关门，商店也关门，怕武斗冲击，只有满墙的大字报和大标语。那个苏州的确很不苏州。但是走进里面的横街窄巷看看，依然小桥流水，依然院落人家，满城的吴侬细语。对这个城市那么多密密实实的灰色和白色还是感到很震撼。我当时就给自己许了个愿：等"文革"过去了，我一定要再来苏州，好好看看。那时候还真没有想到可以一次又一次地去苏州。说到苏州，就是一个词，"喜欢"。

我看苏州，是在中国发展的几个不同的时期去看的，一些感觉，恐怕比真正住在城里的苏州人还要强烈些，所谓"旁观者清"嘛。

1967年见到的是因为"文化大革命"以致接近兵荒马乱程度的苏州，1974年见到的是仍在压抑中，但已经恢复些许活力的苏州，1976年见到的是渴望解冻的苏州，1980年见到的是开始变化的苏州。20世纪90年代应邀到苏州新加坡工业园区讲城市发展和规划，2000年后多次到苏州参加"水墨三十度"这个项目的策划，就连2008年北京奥运会的开

幕式,我也是在苏州看的。那晚住在金鸡湖边的一个很讲究的宾馆中,一个人看电视直播,窗外就是浩渺的大湖,这几十次对苏州的印象在我脑海中好像连环画一般被串联起来。给我印象最强烈的是苏州那种特有的节奏和它不断的变化。虽然看到了许多巨大的变化,但是这个城市的那种中国式的节奏,那种水墨画式的优雅,却从来没有淡出过。

　　如果问我对苏州的第一感觉是什么,我会脱口而出说苏州像一张水墨画。烟雨中的苏州,根本就是一张水墨画,因此水墨苏州这个称呼已经流传了好久。这个城市的个性就像水墨画,不论是气候、景色、人文都构成水墨感,而其他大部分的城市就不会这样。你想想,如果谁说"水墨上海"、"水墨北京",已经有点离题的感觉了,而说"水墨

水榭清幽，小舟自横

沈阳"、"水墨广州"，那不基本是恶搞了吗？水墨的优雅、细腻、流畅，很少城市有这种气质，而苏州则是个最典型的范例。不过这些年轰轰烈烈地建设，水墨感日渐减少，到哪一天成了"国际大都会"，"水墨苏州"也就给毁了。在我看来，苏州的建设其中一个核心内容，就是古城的保护和持续，否则断了香火，苏州也就不苏州了。

水墨是一种视觉感觉，而在苏州，你会感觉到除了视觉的水墨感之外，这个城市的文脉是构成这种水墨感的一个综合因素。苏州的文脉，从字面上解释，就是古城文化的血脉和脉络，指的大概就是苏州文化的传统吧。苏州的园林、街道、庙塔和小桥流水，是苏州水墨构成的笔触、墨气、纸张的肌理，这是其他城市所没有的。

这里几步一园，几步一桥，园林数量之多，国内无城可比。从春秋吴王时代长洲苑、姑苏台和馆娃宫，往下到汉、晋、唐、五代，均有园留下，至宋、元、明、清四朝的精彩园林更加多得不胜枚举。沧浪亭、狮子林、拙政园、留园、网师园早已脍炙人口。民国年间，一些私家花园又融入了西洋风格，比如天香小筑和荫庐等。解放后，建园锐减，但也还没有完全断了香火，好像东园是解放后建的，利用了运河和古城墙，开阔了视野，将苏州园林从私家封闭型拓展为公共开放型。不过，这样能够把传统园林结合到公共空间的例子不容易成功，而这个东园，好在是靠了古运河、古城墙两势，否则恐怕未必精彩了。

　　传统建筑都低矮，就是楼房也高不过三层，只有佛塔才高出楼面。我看有些城市的所谓传统改造，就是做高楼大厦，硬生生的在立面上添加传统建筑的符号，怪异得很，不是传统，也非现代，有点四不像的感觉。苏州这些年来，对旧城建筑的高度有比较严格的限制，叹为幸事！

古城小花

古街倩影，多少次梦里萦回

　　苏州街道也是苏州水墨文脉的构成。街道和水道是平行的，往往家的前面是街，后面就是河，这是苏州特色所在，否则怎么敢叫"东方威尼斯"呢？你顺着平江路走走，小桥流水人家，灰色的瓦，白色的墙，如果下着小雨，除了水墨感之外，还能够想出什么比这个更贴切的印象呢？

　　解放后自然要对苏州城进行现代化改造，因此开拓了不少贯穿苏州的大马路。这些马路把原来很安静的苏州改变了。旧路比较窄小，并且两边伸展出很多小巷来，曲径通幽，实在很有古城的优雅。但新路则以贯通城区的方式构建，加上宽阔的尺度，把城市切割成好多块了。一条名为"人民路"的，原来是条古代留下来的大街，大街南端有文庙像龙头，文庙正门前有双井为龙目，双塔为角，北寺塔似翘起的龙尾，大街为龙身，因此好多年来都被叫做"卧龙街"。清乾隆南巡，百官在此迎候护卫，遂改名护龙街，1951年才改名人民路。我看这是苏州文脉损坏得最早的一大败笔了。苏州的这条路之后被反复拓宽和改造，割裂了与历史的纵向联系，同时也阻断了与北寺塔和文庙等景观的横向关系，加上既然是人民路，自然要做人民的大楼，沿路高层建筑不断建起。现在察院场以南已经望不到北寺塔，城市给大路切割得七零八落，河道水网也曾经给填了一部分，这有了整片的传统民居群，没有了小桥流水，水墨感怕也就无处存身了。

　　我有幸见过比较传统的苏州城市面貌，那是在"文化大革命"期间。我来苏州，曾登上高处眺望姑苏，那时候苏州和全国的城市一样，还没有多少宏大的建设，整座城市还很传统。在春雨之中，从高处看去，可见双塔、方塔、北寺塔、瑞光塔、虎丘塔、灵岩山多宝佛塔，还有上方山的楞伽寺塔等，耸立在烟雨笼罩着的一片灰色瓦顶之上，城外则是连绵的青山。这些塔鼎立四周，城中的三清殿重檐高耸，塔殿两相辉映，有一种众星拱月的磅礴气势，十分壮观。在周围高密度的民居老宅和星布其中的古树衬托下，古城自然形成了一条十分优美的空间风景轮廓线。如此东西南北中，都有高层古建筑均衡自然地点缀其间，呼应有致，难道不正是古人当初独具匠心的设计留下的杰作吗？而今再登高处去看一看吧，尽管这几年已经采取措施有效地控制了高层建筑，但是古城的空间还是变得非常拥挤，楼群已经淹到了宝塔们的喉咙，苏州文化在空中的脉络也正在消失。

烟雨苏州，一幅清雅淡泊的水墨画

用蓝印花布做成的各种小动物，憨态可掬

历史上苏州的好多精华，因为城市的扩张和改造，现在已面目全非了。比如我很小曾经读过一首白居易的诗，是他差旅到扬州，却在梦中思念苏州而写的："扬州驿里梦苏州，梦到花桥水阁头。"从那时候起我便对花桥有种特别的向往。后来到苏州打听这能够让白居易梦想的花桥究竟是在哪里，原来就是现在苏州市里面临顿路西花桥巷的那座小桥。前去一看，不禁大失所望，就那么简简单单一座石头平桥，坐落在拥挤的街巷和民居中间，毫无特色可言。到底白居易夸张了，还是桥变了呢？我站在那桥头想了想，设想如果这里没有那些城市的现代建筑：鳞次栉比的青瓦民居，清清的小河，春天迷蒙的细雨中开着淡红色的桃花，那这座桥不就是一座精彩绝伦的花桥吗？我们往往过于刻意看重对象，而忘记了使对象精彩的却是对象周围的景色氛围。现在对于苏州来讲，最大的难题就是整个氛围都不是那种水墨气氛了，因此这些曾经精彩的主题都变成了孤立的对象。花桥不花，好在园林原来就是封闭式的，还可延续下去。但是作为园林一样的姑苏城，恐怕就再难重现那种水墨氤氲的氛围了。

和诗文对照，失望最大的恐怕要数寒山寺了。20世纪五六十年代，古文和诗词在中小学的语文课本里还占有相当的篇幅，我们在初中的语文课上就要背唐代诗人张继的

《枫桥夜泊》这首诗。在众多我背过的诗词中，这首诗带给我的遐想空间最大："月落乌啼霜满天，江枫渔火对愁眠。姑苏城外寒山寺，夜半钟声到客船。"寒山古刹因此名扬天下。因一首诗而出名的古迹，寒山寺恐怕是最典型的一个了。因此，我在第一次到苏州的时候就跑去找寒山寺，心里面闪动着的全部是江枫、渔火、斜月等等，结果看到的是枫桥旁边一条粗糙的公路桥，桥上车水马龙，哪里还有什么渔火、江枫的存在可能！那寺在当时还是关闭的，很凋零。看到那个景象，我心里的梦好像一下子给惊醒了，落差太大了。后来听朋友说现在那儿经过修整，好多了，我也不太愿意去看，怕把剩下的那一点点梦境也全破坏了。

据说苏州是在公元前514年建城，一直是江南地区的一个中心，工商繁荣，人文荟萃。现在的苏州扩大多了，但是古城依然还在。这个古城的面积是14平方公里，从建城开始计算，迄今已有2500多年的历史。苏州市内仍保留着河巷并行、小桥流水的特有风貌。而历代建造的古典园林也依然星罗棋布地分布在古城各处。

苏州经济发展很快。在城市的发展过程中，苏州是国内比较重视古城部分保护的城市。苏州建设发展的概念规划是"一体两翼"的模式，即古城居中，苏州工业园区（早年是和新加坡合作的工业园区，现在看看，基本都在朝住宅区转化了）、苏州高新技术区分列东西。这个两翼的做法，比较好地保护了古城历史文化风貌。苏州的文脉，也许就是古城文化创造出来的一种意境，一种朦胧与现实交相融合的如诗如画的境界。换句话说，哪里蕴涵着诗意，哪里就是苏州的文脉所在！有时候我会自己在古城里面顺着小河走走，朦胧之间，也真回到了那种历史的境界中去了。对我来说，苏州的精华，恐怕还是这种难以量化、难以描述的氛围和感受！

图书在版编目（CIP）数据

营建集/王受之著. -- 北京: 中国青年出版社, 2011.6

(置若网文系列)

ISBN 978-7-5006-9356-7

I. ①营… II. ①王… III. ①随笔–作品集–中国–当代

IV. ① I267.1

中国版本图书馆CIP数据核字(2010)第106125号

作者：王受之
责任编辑：骆军 马惠敏
平面设计：北京吴勇设计工作室
出版发行：中国青年出版社
社址：北京东四12条21号
邮编：100708
网址：www.cyp.com.cn
门市部：010-57350370
编辑部：010-57350403
印刷：北京市十月印刷有限公司
经销：新华书店
规格：700×1000mm 1/16
印张：12.5印张
印数：5000册
版次：2011年7月北京第1版
印次：2011年7月北京第1次印刷
定价：38.00元

本书如有印装质量问题,请凭购书发票与印务中心质检部联系调换。

联系电话:010-57350334